U0369510

Guide on Standardization of Government Offices

机关事务标准化指引

赵峰涛　主　编

周志忍　朱呈义　副主编

图书在版编目(CIP)数据

机关事务标准化指引/赵峰涛主编. —北京:北京大学出版社,2020. 11
(机关事务管理与法治论丛)
ISBN 978-7-301-31773-0

Ⅰ. ①机… Ⅱ. ①赵… Ⅲ. ①国家行政机关—行政管理—标准化管理—中国 Ⅳ. ①D630. 1-65

中国版本图书馆 CIP 数据核字(2020)第 202344 号

书　　名	机关事务标准化指引 JIGUAN SHIWU BIAOZHUNHUA ZHIYIN
著作责任者	赵峰涛　主编
责任编辑	毕苗苗
标准书号	ISBN 978-7-301-31773-0
出版发行	北京大学出版社
地　　址	北京市海淀区成府路 205 号　100871
网　　址	http://www.pup.cn
电子信箱	law@pup.pku.edu.cn
新浪微博	@北京大学出版社　@北大出版社法律图书
电　　话	邮购部 010-62752015　发行部 010-62750672　编辑部 010-62752027
印 刷 者	北京虎彩文化传播有限公司
经 销 者	新华书店
	730 毫米×980 毫米　16 开本　15.25 印张　177 千字 2020 年 11 月第 1 版　2022 年 1 月第 3 次印刷
定　　价	60.00 元

本书作者

主　编　赵峰涛

副主编　周志忍　朱呈义

主要编写人员（以姓氏笔画为序）

王　德　王田昊　王宗龄　尤立志

卢　亮　白　静　杜延峰　何长江

李光照　李思文　李道正　吴正合

杨　阳　沈　巍　张　雷　张桂鸿

郑　峰　郑娟尔　孟　千　孟　园

倪一飞　柯思宇　高文田　诺　拉

徐永胜　陶钧钧　崔学军　寇晓东

章绳正　曾　毅　谢　波　管　俊

蔡毅臣　魏旭阳

总　　序

党的十九届四中全会对坚持和完善中国特色社会主义制度、推进国家治理体系和治理能力现代化作出全面部署。全会审议通过的《中共中央关于坚持和完善中国特色社会主义制度 推进国家治理体系和治理能力现代化若干重大问题的决定》(以下简称《决定》),全面回答了在我国国家制度和国家治理体系上应该坚持和巩固什么、完善和发展什么这个重大政治问题。习近平总书记在党的十九届四中全会上的重要讲话,深刻阐述了坚定制度自信的一系列方向性、根本性、全局性问题,从坚持和巩固、完善和发展、遵守和执行三个方面,对学习贯彻党的十九届四中全会精神提出了明确要求。机关事务工作为机关运转和政务运行提供资金、资产、资源和服务保障,是国家治理体系的有机组成部分。深入领悟《决定》和习近平总书记的重要讲话精神,为我们推进机关事务治理现代化,更好地在推进国家治理体系和治理能力现代化中发挥职能作用指明了方向、提供了遵循标准。为此,要深入学习贯彻党的十九届四中全会精神,牢固树立治理思维、治理理念,把机关事务工作放在国家治理的高度去认识、去定位、去谋划,立足于服务党和国家中心工作,着力提升机关事务保障和管理效能,为党政机关高效运转、提高施政水平提供有力保障。

一、始终坚持以政治建设为统领

机关事务工作服务党和国家中心工作，保障党政机关运转，因此必须始终旗帜鲜明讲政治，加强党的政治建设。近年来，国家机关事务管理局（以下简称国管局）党组牢牢把握政治机关这一根本属性，坚持以习近平新时代中国特色社会主义思想为指导，坚持和加强党的全面领导，制定局党组《关于加强政治建设 严格落实中央八项规定精神的具体措施》《关于加强政治建设 创建“模范机关”的实施措施》，并抓好贯彻实施，引导干部职工增强“四个意识”，坚定“四个自信”，做到“两个维护”。坚决落实党中央的各项决策部署，组织开展了党政机关停止新建楼堂馆所和办公用房清理、公务用车制度改革、驻京（省会城市）办事机构清理规范等重点改革和专项工作，牵头起草党政机关国内公务接待、公务用车和办公用房等管理制度，着力遏制舌尖上的浪费、车轮上的腐败、会所中的歪风，在促进党风政风转变、加强机关自身建设方面发挥积极作用。

做好机关事务管理部门党的建设工作，必须深入贯彻落实习近平总书记在中央和国家机关党的建设工作会议上的重要讲话精神和党中央《关于加强和改进中央和国家机关党的建设的意见》，以政治建设为统领，狠抓责任担当、工作落实和制度执行，做好“三个表率”，建设模范机关。始终坚定自觉做到“两个维护”。把“两个维护”作为党的政治建设的首要任务，在思想上政治上行动上同以习近平同志为核心的党中央保持高度一致，强化政治机关意识教育，持续深入学习贯彻习近平新时代中国特色社会主义思想，转化为指导推进机关事务工作的思路举措，推动理论武装向广度深度拓展，切实把“两个维护”体现在行动上、落实到工作中。始终坚决贯彻落实习近平总书记重要指示批示和党中央决策部署，在推动全面从严治党向纵深发展、贯彻中央八项规定及其实施细则精神、推进党政机关厉行节约反对浪费等方面主动担当、积极作为，抓实抓好深化党和国家机构改革办公用房保障、中央国家机关老旧小区综合整治等专项工作，确保党中央决策部署落实落细、见行见效。始终坚持把不忘初心、牢记使命作为加强党的建设的永恒课题和党员干部的终身课题，形成长效机制，大力践行忠诚、为民、务实、奉献、创新、效能、节约、廉洁等党的初心使命对机关事务工作的具体要求，巩固深化主题教育成果。

二、着力加强集中统一管理

党的十九届四中全会提出，要完善国家行政体制，推进国家机构职能优化协同高效。机关事务管理体制，其实质是机关运行保障资源的管理模式和配置方式，直接反映了机关事务治理能力和水平，对提升保障和管理效能有着决定性作用。

改革开放以来，机关事务管理部门积极履职担当、开拓进取，**围绕中心和大局**，着力推进机关后勤体制改革、办公用房管理体制改革等重点改革项目，特别是党的十八大以来，承担了停止新建楼堂馆所、办公用房清理等一系列中央交办的重点工作和专项任务，逐步建立起了适应社会主义市场经济要求的管理体制和运行机制，在保障党和国家中心工作中体现站位、履职尽责、发挥作用。**聚焦服务保障**，坚持“质量第一、效益优先”，不断夯实工作基础、理顺体制机制、改进方式手段，推动开放机关后勤服务市场，引入先进理念，转变服务方式，优化经营结构，着力保障各级党政机关规范高效运行，保障干部职工基本工作生活需要。**统筹行业建设**，牢固树立全国机关事务系统“一盘棋”思想，构建更为顺畅的沟通协调机制和工作指导关系。经过本轮机构改革，31 个省（自治区、直辖市）和新疆生产建设兵团设立了机关事务管理部门，29 个省（自治区、直辖市）通过机构整合、职能优化，初步实现了机关事务集中统一管理。实践证明，以市场化、社会化为基础，对机关运行保障实行集中统一管理，统筹资源、统一调度、集约使用、高效处置，能够有效降低行政成本，提升效率效能。

在深化党和国家机构改革过程中，按照中央要求，退役军人事务部等新组建部门不再设立单独的后勤服务机构，由国管局统一提供后勤保障。我们认真落实中央决策部署，创新新组建部门后勤保障模式，按照统一项目、统一标准、经费归口、资源共享的原则，为部门提供 4 大类 16 项后勤服务，有力保障了部门平稳有序运行。习近平总书记等中央领导同志对此充分肯定，指出这种模式既精简了机构人员、节约了行政资源，又规范了服务类型、提高了工作效能，是后勤体制改革的方向，要坚定不移推动集中统一管理。下一步，中央和国家机关事务管理改革，将坚持以习近平新时代中国特色社会主义思想为指导，站在国家治理体系和治理能力现代化的高度，推进政事分开、管办分离，机构精简、职能优化，管理内置、服务外购，统分结合、保障有力，构建集中、统一、高效的机关事务管理体系。**聚焦**加强集中统一管理，依法确定机关事务管理职能，充分发挥主管部门职能作用，认真落实职责任务；**推进**后勤服务社会化，合理确定后勤服务范围，加大购买后勤服务力度，切实保障后勤服务经费；**精简**优化服务中心，严格规范、归并整合机关服务中心，稳妥做好人员安置工作；**提升**保障管理效能，提高机关事务法治化、集约化、标准化、信息化水平，加强绩效评价。通过一系列改革措施，开创机关事务主管部门集中统一管理、各部门负责日常运行管理、后勤服务通过市场化方式供给的机关事务管理新格局。

三、大力推动标准化信息化建设

习近平总书记多次强调，没有标准化就没有现代化，没有信息化就没有现代化。标准化、信息化是提高机关事务工作质量的重要路径，对于提升保障和管理效能具有整体性、变革性、重塑性作用。标准化，让优秀的管理理念、模式、技术和产品可复制、易推广、更规范，便于借鉴、传承和整体提升；信息化，可以拓展管理半径，扩大管理范围，提高管理精度，减少人力消耗，降低管理成本。

近年来，我们按照中央部署要求，结合机关事务工作实际，总结提出了“坚持集中统一管理，坚持以标准化、信息化为支撑”的“一体两翼”发展思路，着力抓顶层设计、抓统筹规划、抓试点示范、抓成果运用。标准化方面，在全国组织开展两批22个标准化试点，指导推动各地区出台113项地方标准，成立全国机关事务管理标准化工作组，工作机制更加完善，标准体系日益健全，标准化实施效果逐渐显现。信息化方面，29个省完成了公务用车“全省一张网”平台建设，18个省初步建成办公用房管理系统，19个省建设了公共机构节能管理系统，智慧后勤亮点频出，新媒体应用越来越普遍。

因此，要继续落实好“一体两翼”发展思路，以标准化、信息化赋能机关事务管理实践，推动机关事务集中统一管理更富质量、更有效能。坚持以标准化建设促进规范化管理，着力研究标准、制定标准、健全标准、执行标准，大力推进国家标准立项，编制《机关事务管理 基础术语》《机关办公区域物业服务监管评价规范》，加强标准形式创新和标准实施监督，逐步实现按标准管理、依标准保障、照标准评价。依托全国机关事务管理标准化工作组，加强对各地区标准化工作的系统规划、统筹谋划、指导协调，确保完成《机关事务标准化发展规划（2018—2020年）》目标任务。坚持以信息化手段提升精细化水平，推动实现管理科学化、智能化、智慧化。部署运行全国机关事务数据直报系统，整合建设中央国家机关事务综合服务保障平台，促进信息互联互通、数据共享共用、业务一网通办。积极运用大数据、云计算、区块链、人工智能等技术手段，推进智慧机关、智能社区建设，以技术革新推动管理创新。加快标准化信息化"两化融合"，编制机关事务信息资源互联互通标准规范，统一数据标准、系统接入标准和业务流程标准，为各省（自治区、直辖市）机关事务管理部门构建"全省一张网"提供技术支撑，探索建设全国"机关事务云"，逐步实现机关事务管理"全国一张网"。

四、加快完善机关运行保障制度体系

党的十九届四中全会提出，要抓紧制定国家治理体系和治理能力现代化急需的制度、满足人民对美好生活新期待必备的制度。推进机关事务管理法治建设，着力构建系统完备、科学规范、运行有效的机关运行保障制度体系，是实现机关事务治理现代化、促进效能提升的重要保障。完善的机关运行保障制度体系，既包括党的大政方针、国家法律，也包括行政法规、部门规章，还包括一系列国家标准、技术规范等；在更广泛的意义上讲，还包括机关事务系统干部职工的思想理念、行为习惯和机关文化。实践中，近年来机关事务领域制度建设的力度、速度、效度明显提升，中央层面相继出台了《公共机构节能条例》《机关事务管理条例》《党政机关厉行节约反对浪费条例》《党政机关国内公务接待管理规定》《党政机关办公用房管理办法》《党政机关公务用车管理办法》等，各地也制定了相应的配套制度，在推动全面从严治党要求和中央八项规定精神落实落细、促进节约型机关建设、提高机关事务系统治理水平等方面发挥了积极作用。

诚然，对照依法治国、国家治理体系和治理能力现代化要求，机关事务管理制度建设还有一定差距，要进一步补短板、强弱项，不断完善规范机关运行保障的“四梁八柱”。

第一，要加快推进机关事务立法。以法律形式对机关运行保障管理作出规定，是深化依法治国实践、推动全面从严治党向纵深发展的必然要求，是完善国家治理体系、提升国家治理效能的有力举措。机关运行保障涉及人、财、物，保障对象涵盖各级党政机关、广大干部职工，保障的效果效能既影响机关自身运转效率，也辐射政务运行质量和公共服务能力。只有坚持依法保障、依法管理、依法服务，依法确定各方的职责、权益，才能实现保障的均等化、标准化、规范化。要按照《十三届全国人大常委会立法规划》的安排，加快推进机关运行保障立法工作，进一步凝聚共识、形成合力，通过立法明确机关运行保障管理职责、体制机制、基本制度、保障事项，实现机构、职能、权限、程序、责任法定化，逐步实现机关运行成本可控、质量提升、绩效可比、监督有力。

第二，要健全配套制度体系，围绕机关运行和政务保障要求，逐步完善资产、资源、资金统筹和办公用房、公务用车、公务接待集约管理的配套制度，形成以机关运行保障法为统领、以综合性法规及专项法规为主干、以规范性文件为延伸、以各类技术标准为支撑的机关运行保障制度体系。

第三，要强化制度执行，把遵法、信法、守法的理念、思维、原则贯穿到保障和服务管理的全流程、各环节，培育机关运行法治文化，营造法治氛围，确保各项工作在制度和法治轨道上有序运行，推动制度优势转化为治理效能。

五、扎实抓好节约型机关创建

习近平总书记多次强调，党和政府带头过紧日子，目的是为老百姓过好日子。降低机关运行成本，提高保障和管理效能，是机关事务管理部门落实过紧日子要求的重要体现。近年来，我们着力健全完善党政机关厉行节约制度体系和标准体系，在办公运行、会议差旅、公务接待、政府采购、后勤保障等方面行简约、倡俭朴、戒奢华，严格控制机关运行成本，大力压减一般性支出，提高资金资产资源使用效率，把钱用在刀刃上。积极推进公共机构节能工作，组织开展节约型公共机构示范单位创建评选工作，在全国范围内建成3600多家示范单位、180多家能效领跑者、3万多家节水型公共机构。2018年全国公共机构人均综合能耗341.57千克标准煤，单位建筑面积能耗19.29千克标准煤，人均用水量23.04吨，较2015年分别下降7.9%、6.1%、9.1%。干部职工节能意识不断增强，机关节俭文化日益深入人心，在全社会发挥了示范引领作用。

受新冠肺炎疫情冲击影响，世界经济形势复杂严峻，我国经济社会发展面临的挑战前所未有，财政收支矛盾更为突出。机关事务管理部门要深入贯彻落实习近平总书记关于统筹推进疫情防控和经济社会发展工作的重要指示精神，坚守节用裕民之道，把过紧日子的要求落实落细，着力降成本、压开支、提效能，集约使用资金，统筹盘活资产，节约能源资源，推动节约型机关建设，努力以尽可能少的支出、尽可能小的成本，做好机关运转和政务运行保障。开展机关运行成本统计、分析、考核和质量评价，逐步实现机关运行成本核算科学化、开支标准化、效益最大化。

2020年3月,国管局、中直管理局、国家发展改革委、财政部四部门联合印发《节约型机关创建行动方案》,提出到2022年,力争70%的县级及以上党政机关达到创建要求。要以节约型机关等示范单位创建为抓手,统筹推进绿色建筑、绿色出行、绿色食堂、绿色数据中心建设,持续做好机关节水、节电、节粮、节纸、垃圾分类等工作,引导带动全社会形成崇尚生态文明、践行绿色发展的浓厚氛围。

六、努力打造高素质专业化人才队伍

习近平总书记多次强调,人才是第一资源,是事业发展最宝贵的财富。推动机关事务工作高质量发展,提升保障和管理效能,归根结底靠的是人的能力、水平、作风,靠的是一支忠诚干净担当的高素质专业化干部职工队伍。近年来,机关事务管理部门坚持党管干部原则,贯彻新时代好干部标准,抓好队伍政治建设、能力建设、作风建设,着力提振精神状态,激励担当作为。针对机关事务系统工勤人员多、专业技能要求高的实际,广泛组织开展服务技能竞赛,内容涵盖客房服务、会议服务、中西餐烹饪、物业万能工等,干部职工专业思维、专业素质、专业水平得到提升,重视服务、尊重人才、崇尚技能的理念蔚然成风。扎实推进机关事务理论研究和学科建设,创新研究载体,搭建研究平台,各级机关事务管理部门与高校、科研机构合作成立10余个机关事务研究中心,在理论研究、决策咨询、人才培养、干部培训等方面开展深入合作。北京大学等高校在公共管理硕士(MPA)中开设了机关事务管理课程,中国社科院设立了国家机关运行保障研究中心及博士后工作站,机关事务理论研究在学术界的影响力日益提升。

十年树木,百年树人。面对新时代新形势新任务,必须把人才队伍建设摆在更加突出位置，落实忠诚干净担当要求，坚持高素质专业化导向，树立整体人才观，抓好公务员、经营管理人才、专业技术人才、高技能人才“四类人才”的培养、使用和管理，加强队伍的思想淬炼、政治历练、实践锻炼、专业训练。要健全机关事务系统干部交流互派、人力统筹调配机制，组织多层次、跨地区的挂职交流、基层锻炼、委培代培，提升人才队伍整体水平。要大力弘扬工匠精神，广泛开展技能竞赛、岗位练兵、业务比武、评比评优等活动，选树先进集体、模范人物、工作标兵、技术工匠、岗位能手，让专业化成为机关事务工作者的形象和名片。要积极引智聚力，加强与高等院校、科研院所务实合作，深化机关事务基础理论研究，健全学科体系，加强高层次、高水平人才培养，推进高端智库建设，为推动机关事务工作改革创新发展凝聚智慧力量。

李宝荣

二〇二〇年十月一日

前　　言

机关事务管理是指对机关高效运行所需经费、资产、服务、能源资源等进行统筹安排、优化配置、管理监督的行政活动。机关事务管理自古有之，发展至今，成为行政管理的重要内容。党的十八大以来，中央在严格执行中央“八项规定”及其实施细则、加强党政机关自身建设、厉行节约反对浪费、建设节约型机关等方面对机关事务工作提出了新的更高要求，各级机关事务管理部门肩负着助推国家治理体系和治理能力现代化的重要使命，承担着以高效依法保障推进法治政府建设的重要任务，面临着实现新时代机关事务工作高质量发展的重要课题。习近平总书记指出：“这是一个需要理论而且一定能够产生理论的时代，这是一个需要思想而且一定能够产生思想的时代。”机关事务要有新格局、大视野，离不开理论支撑、理论先导、理论滋养，理论对机关事务谋长远之策、壮固本之基、强发展之力意义重大。

机关事务管理理论是行政管理学和公共管理学的重要组成部分。近年来，机关事务管理部门积极与高校、科研院所进行合作开展课题研究，从基础理论、政策性研究、具体业务研究等多方面入手，取得了一系列研究成果；有序推进智库建设，与全国各地的高校、科研院所合作成立了多家机关事务研究中心，成为了机关事务工作重要的“思想库”“知识库”和“人才库”；扎实推进学科建设和人才培养工作，在北京大学等高校开设机关事务管理课程，编写相关课程教材，招收机关事务管理方向的博士后、博士研究生、硕士研究生等，机关事务理论研究工作取得了丰硕的成果。

机关事务理论研究在推进国家治理体系和治理能力现代化的大方向、大背景下，重点围绕以下几个方面展开：

第一，在宏观层面研究机关事务工作在国家治理中的地位，讲清楚在新时代中国特色社会主义背景下，机关事务工作之于国家治理的角色、作用以及与国家治理之间的关系；尝试厘清国家治理体系和治理能力现代化对机关事务工作的新挑战、新机遇、新要求；总结机关事务工作发展规律，科学判断机关事务工作发展趋势。

第二，深入研究机关事务治理体系的现代化，从机关事务体制机制、机构职能入手，围绕机关事务在提升政府施政效能中的功能定位和职能作用、机关事务集中统一管理体制等内容推进研究，使机关事务管理部门适应新的工作定位和保障要求，提高保障和服务管理效能。

第三，着重研究机关事务治理能力的现代化，提高需求统筹、资源调配能力和监督管理能力，使机关事务工作能够准确把握基本需求，迅速有效地调集相关资源，明确保障的提供方式、程序、要求和责任，确保机关高效运转。

第四，以"一体两翼"为研究重点。机关事务工作点多、线长、面广，我们围绕集中统一管理体制进行深入研究，发挥标准化在规范约束、目标引导、精准计量，以及信息化在高度集成、自动控制、智能决策等方面的作用。同时，以标准化规范信息化，以信息化助力标准化，共同为做好机关事务工作提供有效支撑。

第五，以各级机关事务管理部门为研究样板。理论离不开实践的支撑，我们充分利用当地机关事务管理部门的样本资源，深入开展实证研究，剖析机关事务实践工作中存在的问题和面临的困难，确保理论研究成果能够有效指导实践工作，避免理论与实践脱节。

这套“机关事务管理与法治论丛”，既有对机关事务基础理论的重点阐释，也有新时代中国特色社会主义背景下推进机关事务治理体系和治理能力现代化的全面剖析，还有政府运行保障立法的专项研究，另外还包括机关事务标准化等具体业务领域的深入拓展，集中展示了近几年机关事务管理部门理论研究的初步成果，是开展机关事务相关研究工作的重要基础。

在不远的将来，各级机关事务管理系统将继续以推进国家治理体系和治理能力现代化下的机关事务工作为主线，坚持问题导向，坚持研以致用，坚持成果转化，坚持外部智力支持和内部深度参与相结合，切实为机关事务工作创新发展提供理论支撑和决策支持。与此同时，希望学术界能够继续支持机关事务理论研究工作，为机关事务的理论建设创造更好的学术氛围和环境；希望各地机关事务管理部门进一步重视理论建设，从理论上发现问题根源，寻找解决问题的突破口，自觉以理论引领、修正实践。让我们共同期待思想理论之光铺就机关事务发展改革之路！

“机关事务管理与法治论丛”编写委员会

二〇二〇年九月三日

目录

第一章　绪　　论

第一节　基 本 概 念

一、标准与标准化

“标准”和“标准化”是标准化活动中两个最基本的概念。对于这两个概念的理解基本上趋同，但也有不同的理解，主要表现在定义的角度有差别（以标准或标准化的不同特性作为定义的主脉），也有对其内涵有冲突的理解。目前，比较权威的定义是由国际标准化组织（ISO）和国际电工委员会（IEC）在《标准化和相关活动的通用词汇》（ISO/IEC GUIDE 2：2004）中给出的定义。ISO/IEC GUIDE 2：2004对标准化活动相关基本概念的定义同样经历了长期的研究、讨论，最终形成各成员国的共识。该文件为各成员国（也对成员国以外范围产生影响）使用标准化活动相关概念的术语及其定义提供指南，已经被欧洲标准化组织（CEN）和欧洲电工委员会（CENELEC）以及英国、德国等众多成员国等同采用。

（一）标准

“标准”是标准化活动的产物。ISO/IEC GUIDE 2：2004 中对“标准”的定义如下：为了在既定范围内获得最佳秩序，经协商一致确立并由公认机构批准，为各种活动或其结果提供规则、指南或特性，供共同使用和重复使用的文件。注 1：标准宜以科学、技术和经验的综合成果为基础，以促进最佳的共同效益为目的。注 2：标准的形式是一种文件。

我国《标准化工作指南 第 1 部分：标准化和相关活动的通用术语》（GB/T 20000. 1—2014）将上述国际定义改编为：通过标准化活动，按照规定的程序经协商一致确定，为各种活动或其结果提供规则、指南或特性，供共同使用和重复使用的文件。

理解“标准”这一概念需要从以下几个维度来把握：

1. 标准制定必依照规定的程序。标准的编写在结构、文本、术语、格式等方面都需要遵循相关原则。同时，为了便于标准的识别和管理，标准需要统一编号，我国标准的编号由标准代号、标准发布顺序和标准发布年代号构成。例如，《节约型机关评价导则》（GB/T29118—2012）中，GB/T 代表推荐性国家标准，29118 为发布顺序号，2012 表明发布时间。

2. 标准是协商一致的结果。标准定义中的“协商一致”，实际上是指在标准制定过程中，应按照规定的程序就标准的内容与标准相关方代表进行广泛的征询和充分的协调，最终形成的标准实质上是标准相关方代表“妥协”的结果。最大范围地征询标准相关方代表的意见，最大程度地吸纳标准相关方代表的意见并达成各方都能接受的共识，是确保标准具有广泛适用性的基础。

3. 标准制定和实施的目的要明确。“提供规则、指南或特性”是制定标准的目的。所谓“规则、指南或特性”，就是一个个标准化工作成果可以采用以下形式：（1）文件形式，内容是记述一系列必须达成的要求；（2）规定基本单位或物理常数，如安培、米、绝对零度等（参见世界著名标准化专家桑德斯于1972年发表的《标准化的目的与原理》)。因此,标准的制定旨在通过"标准化活动"获得"规则、指南或特性"的实现。

4. 标准制定对象的属性要显著。"共同使用和重复使用"是制定标准对象的基本属性。所谓"共同使用和重复使用",就是指大范围反复出现多次,如成批大量生产的产品在生产过程中的重复投入、重复加工、重复检验,某一种概念、方法、符号、标识被人们反复应用等。具有共同性、重复性特征的事物才有可能沉淀以往的经验,而实践经验的提炼则是产生标准的必经之路。

（二）标准化

ISO/IEC GUIDE 2:2004 中对"标准化"的定义如下:为了在既定范围内获得最佳秩序,对现实问题或潜在问题确立共同使用和重复使用的条款的活动。标准化活动主要包括编制、发布和应用标准的过程。标准化的重要效益在于为了产品、过程和服务的预期目的改进它们的适用性,防止贸易壁垒,促进技术合作。

我国 GB/T 20000.1—2014 标准将上述国际定义改编为:为了在既定范围内获得最佳秩序,促进共同效益,对现实问题或潜在问题确立共同使用和重复使用的条款以及编制、发布和应用文件的活动。广义地说,标准化不仅是针对度量衡和材料这些对象,还渗透进人类活动的大多数领域。这个定义说明标准化的对象不仅包括农业、工业等领域的材料、元件、设备、系统、接口等,也包括社会管理和公共服务领域的协议、程序、功能、方法或活动。

理解"标准化"这一概念需要从以下几个维度来把握:

1. 标准化是一个活动过程,包括标准的制修订、宣传、贯彻实施以及标准实施的监督管理,是一个不断循环和持续改进的活动。《中华人民共和国标准化法》第3条规定，标准化工作的任务是制定标准、组织实施标准以及对标准的制定、实施进行监督。因此，标准的制定、修订和实施是标准化工作的主要内容，只有通过制定和实施标准才能实现标准化的目的和作用。

2. 标准化的关键环节是标准实施。标准的制定和发布只是标准化活动的一个环节，再多、再好的标准如果没有被实施推广，那就产生不了什么效果。标准化的“全部活动”中，实施标准是关键环节，少了这一环节就谈不上标准“化”了。只有当标准在社会实践中实施以后，标准化的效果才能表现出来，标准实施效果的反馈可以使标准持续不断地完善。

3. 标准化的目的在于促进共同效益。理解标准化的目的需要树立系统思维的理念。标准化活动是建立规范的活动，标准化定义中的“条款”是指规范性文件内容的表达方式，一般采用“要求”。标准化的主要效益在于为了实现产品、过程或服务的预期目的而改进它们的适用性，促进贸易、交流以及技术合作。

4. 标准化活动确立的条款可形成标准化文件，包括标准和其他标准化文件。

二、机关事务标准的内涵与形式

（一）概念和内涵

机关事务标准就是指按照规定的程序，经协商一致确定，为机关事务领域各种管理、保障、服务活动及其结果提供规则、指南或特性，供共同使用和重复使用的文件。机关事务标准既包括定量标准，也包括定性标准；既包括强制性标准，也包括推荐性标准；既包括术语标准、符号标准、分类标准等理论性标准，也包括过程标准、产品标准、服务标准等实操性标准。

理解“机关事务标准”这一概念需要从以下几个维度来把握：

1. 本质上的技术性。机关事务标准基于标准化理念，将标准贯穿管理、保障、服务活动全流程以引领、调整、规范各项工作，实现机关事务工作效能的整体提升。从其内在特性看，机关事务标准又具有技术性和工具性，是机关事务管理理念、政策、原则等的具体化和实操化，是业务工作的辅助手段和技术支撑。

2. 形式上的多样性。标准形式可以多样化，对现有机关事务标准的认定，不宜局限于国家标准、行业标准、地方标准等格式标准，含有定性或者定量标准的机关事务法规和规范性文件，以及具体服务、保障工作中的服务规范、操作指南、工作规程等，也属于机关事务标准的范畴，不拘泥于标准形式上的整齐划一。

3. 内容上的多源性。对于空白领域和有优势的工作内容，由机关事务管理部门结合实际自己研究制定；在相关业务领域已出台国家标准、行业标准、地方标准的，机关事务管理部门尊重既有工作基础，可以直接实施有关标准，不宜另行制定；其他地区已形成的机关事务标准，如果结合本地区实际稍加修改后可以适用的，也不需要另起炉灶、从零开始。

4. 实施中的一致性。机关事务工作涉及工程建设、经费管理、资产管理、服务保障等众多业务，在实施中需要做好国家标准、行业标准和地方标准的衔接，做好机关事务标准与相关法律、法规的衔接，注重机关事务标准和其他行业标准、部门标准之间的协调一致。

（二）范围

机关事务标准包括国家标准、地方标准、标准类规范性文件和组织内部标准，其范围与《中华人民共和国标准化法》的一般性规定相比略有区别：

1. 由于机关事务领域并不是标准化主管部门认定的67个行业之一，所以无法制定行业标准。但是，可以在某些业务工作（比如物业管理、房屋建设等）中采用其他行业已经制定的行业标准。

2. 由于行政机关存在特殊性，各级相关主管部门往往通过制定、发布含有标准内容的行政规范性文件来对机关事务管理工作进行指导和规范。虽然这些行政规范性文件不是《中华人民共和国标准化法》明确规定的标准类型，但是也起到了标准的规范作用，这类文件可以统称为“标准类规范性文件”，也属于机关事务标准的范畴，如《党政机关办公用房建设标准》等。

3. 各级机关事务管理部门及其所属单位可以制定组织内部标准，规范单位内部管理和服务保障工作，提升管理水平和服务质量，如人事、工作纪律、公文运转等方面的标准规范。

三、机关事务标准与规章制度的关系

标准和规章制度是机关事务工作中经常出现的概念，二者之间既有联系又有区别。

（一）规章制度及其类型

规章制度是长期以来在机关工作中形成的一个较为宽泛的概念，从制定主体的角度，一般可以分为两大类：

1. 党内法规和党内规范性文件。这类规章制度的制定主体是党的中央组织以及中央纪律检查委员会，中央政府各部门和省、自治区、直辖市党委。

2. 行政法规、行政规章和行政规范性文件。根据层级高低，一般分别由相对应的各级行政机关制定和发布。行政规范性文件与具体工作联系紧密，是各级机关事务管理部门工作中最常用到的规章制度，是履行法定职能的重要方式，是指导、规范、调整机关事务工作的重要抓手。例如，2018 年 3 月国家机关事务管理局（简称国管局）和国家标准化管理委员会（简称国家标准委）联合印发的《关于加快推进机关事务标准化工作的通知》。

（二）标准和规章制度的联系和区别

机关事务标准和行政规范性文件在形式上有所交叉，在功能上存在联系，但二者之间也存在明显的区别。

1. 从共性和联系的角度来看，机关事务标准和规章制度都是机关事务治理体系和治理能力现代化的重要工具。

（1）标准和规章制度都是规范。机关事务标准和规章制度都是可供机关事务管理部门共同使用和重复使用的文件，都具有规范机关事务工作的作用。

（2）标准是规章制度的支撑和细化。规章制度和标准可以调整同一具体行为，但规章制度一般比较笼统，需要依靠标准进行细化和支撑，对调整的具体行为做出量化、技术性的评价。

（3）标准应当符合规章制度的要求。标准的制定需要在规章制度范围内进行，不得违反规章制度的要求，起草单位应当对标准的质量和技术内容负责。

2. 从特性和区别的角度来看，机关事务标准和规章制度各有侧重点。

（1）在制定主体上，规章制度必须由党政机关制定并发布，而机关事务标准则更为灵活，既可以由党政机关制定，也可以由社会团体或企业制定，党政机关在具体工作中直接或间接采用。

（2）在制定程序和体例格式上，规章制度和标准均有一套制定程序和格式，但标准的制定程序更加明确和统一，比如统一的编号、封面、条款格式等，即使是以行政规范性文件发布的标准类规范性文件，在形式上也明显区别于一般的规章制度。

（3）在文件效力上，二者都具有一定的约束力，但规章制度普遍具有强制性，不可以选择性执行；就标准而言，除强制性国家标准外，标准一般不具有强制约束力，从这个层面上理解，规章制度对工作的影响程度大于标准。

（4）在内容层次上，二者均具有调节和指示的功能，但规章制度一般侧重于规范行政管理事务，一般通过禁止性、允许性或强制性的规定以及相应的权利、义务或责任，对具体事项进行规定，体现管理者的管理思想和工作思路，更侧重于原则、方向和模式。标准注重技术上的控制和调节，通常更为具体，其程序性、可量化性、可评价性更强。

（三）标准化和规章制度建设的协同推进

把握标准和规章制度二者之间关系，既要在标准化工作中发挥有关规章制度的强制作用，也要在规章制度建设中借鉴“标准化”思维，突出标准在定量语言方面的长处，实现标准化工作和规章制度建设互促共进。

1. 正确理解规章制度和标准的作用

规章制度是机关事务管理部门依法履行其管理和保障职能的重要方式，具有法律强制力和不可替代性。机关事务标准是辅助机关事务管理部门提升管理和保障效能，进而保障党政机关规范、高效运行的工具。二者在不同层面发挥作用，不可偏废。

2. 统筹协调规章制度和标准的制发。

规章制度的制定、发布程序要遵循法律、法规的明确规定，并且针对行政规范性文件，各级机关事务管理部门在长期业务工作中已经形成了相对成熟的制定、发布和监督管理流程，要进一步贯彻落实国务院办公厅《关于加强行政规范性文件制定和监督管理工作的通知》，完善行政规范性文件制定、发布和监督管理工作。机关事务标准的制定、发布要坚持问题导向、急用先行，除内部支撑和流程管理标准外，还要加强对外管理和保障服务方面标准的制定。在制定国家标准、地方标准条件不成熟的情况下，可以先发挥好标准类规范性文件的作用，逐步完善标准类规范性文件的制定、发布和监督管理程序，在标准实施运行取得实效的前提下进行总结提炼，进而推出一批地方标准甚至是国家标准，最终搭建起上下联动的机关事务标准体系。

四、机关事务标准化

机关事务标准化是一个新兴课题，目前相关理论研究和实务推进刚刚起步，学界和业界均没有对其概念进行过科学和权威界定。因此，本书对机关事务标准化内容的阐述，完全基于机关事务工作实践的总结思考。

（一）概念

机关事务工作具有规范管理和服务保障等多重属性，要提升机关事务工作的质量、水平需要借助系统化的思想、科学管理的思维和操作性的工具，这三者正是标准化的核心和精髓。所以，机关事务标准化的内涵是：运用标准化的理念、原理、原则和方法，对机关事务工作各领域、各环节进行系统梳理，通过制定和实施标准来固化和优化工作流程和实践经验，推动机关事务工作的系统化、规范化、科学化，促进效能的全面提升。

（二）内涵

机关事务标准化作为标准化工作的特定领域，既具有标准化工作的一般属性，也具有特殊属性，准确地把握其内涵，是认识、把握和运用机关事务标准化发展规律，加强机关事务标准化建设的认知前提和基础。因此，确保机关事务标准化方向不偏离，需要避免以下认识和工作上的误区：

1. 认识误区

(1) 标准化泛化。将绩效考核、日常管理等文件等同于标准类规范性文件，将规章制度建设等同于标准化工作，将各种规章制度往标准化工作上套，等于给规章制度贴上标准的标签。这种误区是为标准化而标准化，过于注重形式而轻视内容导致的。因此，应严格把握标准化工作中的文件种类和范围，聚焦标准和包含标准内容的规章制度的建设。

(2) 标准化神化。过于强调标准化而忽视规章制度建设，用标准化工作替代规章制度建设工作。标准化对机关事务管理部门履行职责、提高保障效能和工作水平具有重大作用，但也要注意，机关事务标准化更侧重于将标准化的理念和方法运用到机关事务工作各领域、各环节，其无法替代规章制度建设在履行机关事务管理部门法定职能中的作用。

2. 工作误区

(1) 追求“大而全”。“大而全”主要表现为：有些地区在全省铺开，省、市、县三级各自制定标准，不同层级目标和标准同质化，造成重复建设；有些地区盲目追求标准的“高、大、上”，投入很大精力去申报立项国家标准、地方标准，不考虑实际工作有无必要，认为只有出台几项国家标准、省级标准，工作才算上档次。标准贵在务实管用，标准化工作关键在提高效能，切忌贪大求全、盲目铺摊子，更不能大干快上、一哄而上，扰乱了正常业务工作。

（2）重数量、轻质量。重数量、轻质量主要表现为：有些地区初步梳理出上百项标准需求，构建了一个涉及方方面面、事无巨细的标准体系，造成资源浪费、经费紧张，却很少直接采用社会上已有的成熟标准；有些地区缺乏统筹和科学规划，不分先后全面推开各类标准制定和修订，甚至地市级机关事务管理部门都梳理出几百项待制定的标准，结果制定出来一堆质量不高、实效不强的标准。标准不是越多越好，要突出重点，集中优势资源和精力推出“精品标准”，切忌“眉毛胡子一把抓”。

（3）重制定、轻实施。标准的生命力在于实施，有些地区只注重推动标准出台，对标准的实施、改进重视不够，尚未建立标准评估机制，导致出台的标准要么成为无用的“僵尸标准”，要么使用一段时间后成为过时的“垃圾标准”，没有真正发挥出标准在工作中的实际作用。标准的最大价值就在于应用，标准的制定和修订工作不是一蹴而就的，也没有一成不变的标准，需要不断修改、完善和更新，保证其适用性，切忌将花费了大量人力、物力和财力制定出来的标准当成摆设。

第二节　我国机关事务标准化发展历程与现状

一、我国机关事务标准化发展历程

机关事务标准化工作随着经济社会的不断发展，实现了从无到有的过程，大致可以划分为四个阶段。

（一）萌芽起步期（1978 年以前）

新中国成立前，机关事务工作主要为人民解放事业服务，体现出战时特点。为厉行节约、提高保障能力，机关事务管理部门除了组织生产，还制定了一些管理制度和标准。例如，在延安时期，中共中央管理局下达厉行节约指标，规定工厂节约原材料 10％等；实行供给标准管理，相继出台了机关学校、警卫部队、伤病员等 6 种供给标准，后又出台了老幼人员、外籍人员、高级干部和高级技术人员有照顾性质的供给标准。这些零星的标准制定，主要是为了解决保障供给能力不足的情况下如何满足基本需要的问题，呈现出急需急用、实现最低保障要求的特点，对机关事务工作起到具体辅助和实现公平的作用，尚不能体现标准化的理念和方法。

新中国成立后，中央人民政府政务院于 1950 年 12 月成立了中央人民政府政务院机关事务管理局，负责行政经费管理、机关用房管理、车辆管理、重要节庆日活动和会议服务、外事服务、招待所管理等，职责中包括“研究中央一级机关经费的供给标准”等。随后，《关于中央国家机关汽车配备办法》《政务院关于颁发各级人民政府供给制工作人员津贴标准及工资制工作人员标准的通知》等涉及相应保障工作和生活待遇的标准根据现实需要逐步被制定出来，标准化的理念和思维逐渐得到重视，但涉及的范围和领域依然很小。这个阶段的标准主要以技术性要求为主，均明确了具体的数量值，实施要求和结果也很明确。这些标准基本上作为规章制度的内容得以实施，没有作为独立的“软法”出现。

（二）缓慢发展期（1978 年至 2012 年）

党的十一届三中全会以后，国家工作重心转移到经济建设上来，进入到改革开放新时期。这一时期我国行政管理体制和机制发生了巨大变化，科学管理、质量效益等新的理念给机关事务工作的发展带来显著改变，机关事务也开始尝试运用标准化思维来管理。例如，在服务经营管理方面，1979 年出台的《中央国家机关招待所床位使用率超额奖励办法》明确了宾馆床位使用率指标和提奖比例。1980 年，国家制定工人业务技术考核标准，通过考核的，人均工资月增 6.92 元；印发《中央国家机关食堂改进经营管理的试行办法草案》，规定食堂管理实行定额补助、单独核算、结余留用、超额奖励的办法。1992 年，《中央国家机关、中直机关各等级宾馆饭店招待所客房礼堂会议室收费标准》出台。在公务用车管理上，1979 年出台的《中央国家机关汽车司机安全节油奖实行办法》规定了 16 种汽车的每百公里耗油定额，2010 年出台的《中央国家机关公务用车用油定额考核表及评分细则》则规定了公务用车用油定额考核标准等。

这一阶段标准化的理念开始呈现，主要体现在科学性和引导性上：一方面，公务用车油耗定额、资产配置标准、宾馆招待所客房床位使用率等标准都是基于科学的统计分析制定出来的，与过去的量入为出或按需保障标准有本质区别，体现出科学管理的要求和理念；另一方面，标准的编制不再局限于现状情况，而是体现出了对质量和效益提升、对节约财政资金的方向引导作用。工人业务技术考核标准、车辆发动机排气量(1.8L 以下)和价格标准(18 万元以内)、行政经费管理包干等都体现了这一导向。不过,这一阶段依然只是为了规范某一业务领域或某一专项活动而引入标准化的方法,标准化工作尚未集中体现,处于缓慢发展的阶段。

(三) 积极探索期(2012 年至 2017 年)

《机关事务管理条例》于 2012 年颁布、施行,机关事务工作有了基础性、综合性法规,机关事务法治建设从此迈入快车道,作为法治建设重要补充的标准化建设,也开始从缓慢发展状态进入到探索阶段。这一阶段的标准化工作主要体现在以下几个方面:

1. 积极尝试运用标准化理念落实中央交办的专项任务。

党的十八大以来,在全面从严治党、厉行勤俭节约、加强作风建设的大背景下,机关事务系统围绕贯彻落实中央"八项规定"和国务院"约法三章",在经费、资产、服务、节能等主要业务领域积极运用标准化理念,牵头或参与制定了《厉行节约反对浪费条例》《党政机关办公用房管理办法》《党政机关公务用车管理办法》《党政机关办公用房建设标准》《中央行政单位通用办公设备家具配置标准》等含有标准内容的文件,位阶高、适用广、针对性和操作性都很强,为标准化工作打下了坚实的基础,很多制度形成了后期标准化工作的雏形。

2. 进行了大量机关事务标准化探索实践。

2016 年,国务院副秘书长、国管局局长李宝荣在"学习贯彻党的十八届六中全会精神推进机关事务管理创新与理论建设"研讨会上提出,要在机关事务管理中积极运用治理法治化、服务规范化、保障标准化、管理精细化、机构职能化、手段信息化、评价绩效化等手段,正式将标准化确定为机关事务工作方向性的工作之一。2017 年,国管局先后在北京和成都组织召开机关事务标准化工作研讨会、机关事务标准化工作现场会，研讨机关事务标准化工作的方向、任务，并于8月组织有关司室和部分地方机关事务管理部门组成标准化体系培训团，赴美国开展为期14天的培训，学习国外在机关事务标准化方面的先进经验。部分地方机关事务管理部门也主动探索，在标准化方面进行了许多有益尝试。例如，河北省机关事务管理局于2013年被省政府列为机关建设标准化管理第二批实施单位，同年通过了ISO 9001质量管理体系认证，建立起一套适合机关事务实际需要的质量管理体系。又如，浙江省嘉兴市机关事务管理中心标准化工作自2015年启动以来，致力于服务标准的研究制定及宣贯落实，依靠《嘉兴市机关事务服务标准化建设操作手册》《嘉兴市机关事务服务标准绩效考评办法(试行)》等提升了服务保障水平。再如，辽宁省盘锦市市直机关综合服务中心于2016年启动了盘锦市机关事务管理标准化建设活动，每年制定一版《机关事务管理局标准化汇编》，在很大程度上提升了机关事务管理保障能力。此外，四川省机关事务管理局印发了《四川省机关事务标准化工作建设实施方案》，与省标准化研究院合作启动了“标准化建设工程”，并报送《加强机关事务标准化建设 提高机关服务质量和效率》工作简报，对国管局提出了加强标准化理论研究、推进标准化建设的建议。李宝荣局长在简报上批示“这是一件大事，要在十三五时期结出硕果”。据统计，2012年至2017年，全国机关事务系统共出台国家标准7项、地方标准28项，大部分集中在公共机构节能领域。

3. 机关事务标准化得到关注。

2016年，中国行政管理学会向国务院报送了《推进机关事务管理标准化的对策研究报告》，建议推进机关事务管理标准化，并提出相关对策，得到有关领导的重要批示。时任国家标准委副主任崔钢指出，机关事务管理的许多领域适合于通过实施标准化提高管理水平，特别是在一些需要定量化、程序性和可操作性强的领域。北京大学国家治理研究院院长、国家治理协同创新中心联合主任王浦劬在《推进机关事务标准化 助力政府治理现代化》一文中指出，机关事务标准化可以为机关事务管理确立科学规范、明确运行依据、规定量化指标，提供评估基础，提升管理效能，提高服务品质，是提升政府效能、深化推进政府治理体系和治理能力现代化的切实步骤等。外界的关注进一步加强了国管局推进机关事务标准化的决心，也提出了很多好的意见和建议，成为后来工作的重要参考。

（四）全面推进期(2018 年至今)

新修订的《中华人民共和国标准化法》于 2018 年正式实施，将制定标准的范围扩大到社会事业领域，为机关事务标准化工作提供了法律保障，机关事务标准化工作顺势而为，进入全面铺开、全面推进时期。

2018 年初，国管局制定《机关事务标准化发展规划(2018—2020 年)》，并联合国家标准委印发《关于加快推进机关事务标准化工作的通知》，加强顶层设计，明确任务方向，正式以文件的形式启动全国机关事务标准化工作。在以上两个文件的引领下，各级机关事务管理部门全面启动、大力推进标准化工作：

1. 健全工作机制

依据“三专、两报、一会”的工作要求(即明确专门机构、专门人员、专项经费，坚持每年报送 2 次工作进展情况，每年召开 1 次总结交流会)，机关事务系统不断健全完善标准化机制。2018 年 8 月，国管局向国家市场监管总局申请成立全国机关事务管理标准化工作组，经历申请、公示、筹建、成立四个申报环节，国家标准委于2019年11月7日公告工作组成立。全国机关事务管理标准化工作组的成立，不仅从组织机制上增强了机关事务标准化工作的权威性、专业性和规范性，也标志着机关事务标准化工作正式纳入国家标准委的统一管理，积极融入国家标准化工作大局，同时更加便于发挥国管局加强规划部署、指导协调作用，更好统筹推进全国机关事务系统标准化工作。各地区也加紧部署，截至2019年12月，全国共有28个省（自治区、直辖市）印发了相应的工作方案（规划），并组建了标准化工作领导机构，而且大部分是由单位“一把手”担任主要负责人，还有7个省级机关事务管理局成为当地省级标准化工作联席会议或领导小组成员单位，提升了机关事务标准化的影响力。国管局先后在湖北武汉、辽宁盘锦、北京等地召开机关事务标准化工作现场会、推进会等，各地区召开推进会议100余次，多地将标准化工作确定为机关事务年度会议的重要主题，工作推进力度空前。

2. 开展试点示范

机关事务工作对象广泛、流程复杂、层级盘错，决定了相关的标准化工作将是一个庞杂的系统工程，不能全面撒网、平均用力。考虑到各地区机关事务标准化工作的基础不同，2018年首先确立了四川省机关事务管理局和湖北省十堰市机关事务服务中心为机关事务标准化首批试点单位，2019年又确定了吉林省机关事务管理局等20家单位为第二批机关事务标准化试点单位，其中6家为综合性试点单位，14家为公务用车、办公用房、公共机构节能和后勤服务等分项试点单位。2019年底，首批两个试点单位高分通过国管局、国家标准委和中国标准化研究院联合验收工作组的评估验收，形成了很多可推广、可复制的经验做法，通过不断地“走出去”“迎进来”，切实示范引领带动周边乃至全国机关事务标准化工作向更宽领域、更深层次发展。

3．加强理论研究

国管局与国家标准委、中国标准化研究院开展合作，委托北京大学开展“机关事务标准化的顶层设计、进程管理和绩效评价研究”等课题研究，形成《美国“三公经费”管理对机关事务标准化建设的启示》等5篇近2万字的研究成果。截至2019年12月，22个地区与当地市场监管部门、标准化研究机构等共同开展标准化工作，12个地区与当地高校建立合作关系，开展课题研究、人才培养、标准制定等工作，为机关事务标准化提供技术指导和智力支持。各级机关事务管理部门在《中国行政管理》《标准科学》《中国机关后勤》等期刊杂志上发表文章40余篇，理论研究热情空前高涨，标准化成为机关事务工作的“高频词”。

4．广泛培训宣传

国管局每年都会举办机关事务标准化专题培训班，通过视频展示、专家授课、实地参观等多种形式的课程，宣传有益经验，普及专业知识，增强标准意识。专题培训活动首次将参训范围扩大到地市级机关事务管理部门，惠及更多一线工作人员，推动标准化理念入脑入心，真正将标准化工作推向深入。据统计，2018年至2019年，各地区组织不同规模的培训会议150余次，培训形式多样、内容丰富，加强了标准化人才队伍建设。同时，国管局录制全国机关事务远程教育网课，开设网上专栏、微信联系群和公共邮箱，为各地区、各部门搭建了信息资源共享共用平台，不断扩大机关事务标准化工作的影响力。

5．推进标准制定、出台

各级机关事务管理部门结合自身职能和特点，构建符合实际的标准体系，并加快标准制定和修订工作。国管局推进《公共机构能耗定额标准编制和应用指南（试行）》《中央国家机关后勤服务指南》《中央国家机关购买后勤服务管理办法》《中央国家机关局属住宅物业服务标准》等标准类规范性文件出台。各地区制定机关事务领域地方标准提速明显，2018 年以来出台 48 件地方标准，且制定标准从过去主要集中在公共机构节能领域转变为目前在基础通用、办公用房、公务用车、公共机构节能、后勤服务等领域多点开花的局面。

6. 强化标准实施

各地区创新探索，因地制宜、精准施策，通过制定、出台推动标准落地实施的指导意见、标准实施监督与评价规范等文件，跟踪督办标准化工作实施进度，定期通报工作进展和任务完成情况，加强监管与激励，将标准化工作纳入年度绩效考核或建立督办机制等，不断强化标准实施，使标准化工作切实发挥作用。

二、我国机关事务标准化发展现状

从 2016 年提出“保障标准化”概念，到 2017 年正式启动，再到 2018 年试点和全面铺开，在各地区、各部门的积极探索和共同努力下，机关事务标准化实现了从个别地方自发实践探索到国管局顶层倡导推进再到全系统联动一体推进的工作格局，基本形成了全国上下一盘棋的工作局面，为机关事务高质量发展发挥了重要支撑作用。与此同时，机关事务标准化工作位阶不断提升、影响持续扩展，初步融入了国家标准化工作大局，成为社会管理和公共服务综合标准化工作重要组成部分。例如，2018—2019 年，国管局先后作为特邀代表和正式代表参加了全国标准化工作会议，机关事务标准化工作情况和亮点做法编入《2018 年中国标准白皮书》，机关事务标准化试点建设写入《2018 年全国标准化工作报告》，标志着机关事务标准化工作正式纳入全国标准化工作体系。上海、江苏、山东、山西、湖北、重庆、四川等地机关事务管理局成为本地区标准化工作联席会议或标准化建设领导小组成员单位。

但是，相对于其他行业系统的标准化建设，机关事务标准化建设起步晚、难度大，现阶段还面临着一些不平衡、不充分的基础性、普遍性问题，直接影响机关事务标准的实施效果和工作推进，制约管理保障效能的提升。

（一）不平衡问题

机关事务标准化建设面临的不平衡问题主要表现在以下方面：

1. 地区发展不平衡

不同地区对标准化工作重视程度不一，东南部地区进展明显，西北部地区相对滞后；会务、餐饮、保洁等后勤服务保障标准相对容易量化，办公用房、公务用车、公共机构节能管理等配套标准细化难度较大，因地制宜确定不同标准后，增加了量化考核难度。

2. 职能配置不统一

新一轮国家机构改革后，各地区管理、保障和服务职能配置差别较大，标准化建设进度有快有慢、力度有大有小，制约了经验做法的推广应用；部分地区机关事务管理部门与有关职能部门，在经费、资产、公务接待等管理标准制定的责任主体上有待明确，缺乏权威、高效的协调推进机制，影响了机关事标准化整体性和有效性。

3. 标准供给不均衡

机关事务领域的国家标准数量非常少，仅在公共机构节能方面出台了 7 项国家标准，而在办公用房、公务用车、资产管理、后勤服务等重要业务领域，中央层面规章制度中包含的标准比较零散，标准的系统化、科学化和因地制宜个性化等方面还有许多工作要做。

（二）不充分问题

机关事务标准化建设面临的不充分问题主要表现以下方面：

1．认识不充分

有的单位认为制定标准过于专业、难度高，严格执行标准会使简单工作复杂化，带来较大工作压力；有的单位认为标准束缚个性化、精准化服务，影响服务保障对象的满意度。

2．保障不充足

部分地区缺少对标准实施过程的监督考核、评估改进机制，标准的供给跟不上保障和管理需求的变化，没有专项经费保证标准的研发和推广。

3．改革不到位

在机关事务管理部门牵头或参与的公务用车制度改革、培训疗养机构改革等一系列重要改革中，有的地区标准化程度不够，一些关键指标滞后，拖慢了改革总体进度；个别地区标准修订不及时、执行不到位，在一定程度上影响了改革成效。

第二章　机关事务标准化管理体制和工作推进

第一节　机关事务标准化管理体制和技术组织

一、我国标准化管理体制概述

我国标准化工作长期实行“统一管理，分工负责”的管理体制。这一管理体制对在我国社会主义制度的条件下调动各有关主管部门的积极性，最大限度地增加人力、物力和财力的投入，密切标准化工作与生产、建设实际的联系并直接为生产、建设服务，推动全国标准化工作稳步、协调地发展，起到了重要的作用。

“统一管理”就是指政府标准化行政主管部门对标准化工作进行统一管理。具体来说，国务院标准化行政主管部门统一管理全国标准化工作；县级以上地方标准化行政主管部门统一管理本行政区域内的标准化工作。为加强统一管理工作，国务院成立了标准化协调推进部际联席会议制度，国务院分管领导担任召集人。设区的市级以上地方人民政府也可以根据工作需要建立标准化协调推进机制，统筹协调本行政区域内标准化工作重大事项。

“分工负责”就是指政府有关行政主管部门根据职责分工，负责本部门、本行业的标准化工作。具体来说,国务院有关行政主管部门分工负责本部门、本行业标准化工作,县级以上地方有关行政主管部门分工负责本行政区域内本部门、本行业的标准化工作。

二、我国机关事务标准化管理体制

我国机关事务标准化起步较晚,科学合理的管理体制还处于不断探索之中。目前,我国机关事务标准化管理体制为国家机关事务管理局在国务院标准化行政主管部门的指导下,统筹指导全国机关事务标准化工作,各地区、各部门机关事务管理部门负责本地区、本部门机关事务标准化工作。

"统筹推进"就是指国管局政策法规司负责统筹推进全国机关事务标准化工作,其职责主要包括:贯彻执行国家标准化法律法规,制定并组织实施标准化工作指南和相关管理制度;组织建立标准体系,拟订标准化发展规划,起草年度标准化工作总结和计划;指导国家标准和标准类规范性文件的制修订工作;组织标准化宣传培训工作,联系协调国务院标准化行政主管部门;组织提出有关国家标准的建议。

国管局有关业务司室负责本领域标准化工作,主要职责包括:根据需要,提出年度标准制修订项目建议并负责组织实施和监督检查工作;协调处理标准化的有关问题。

各地区机关事务管理部门组织推进本地区机关事务标准化工作,主要包括:贯彻执行国家标准化法律法规、标准化工作指南和相关管理制度;根据本地区需要,提出年度国家标准和标准类规范性文件制修订项目建议,组织参与有关国家标准和标准类规范性文件的制修订工作;负责有关国家标准和标准类规范性文件在本地区的宣传、培训和实施工作,并对实施情况进行效果评价和监督检查;组织本地区机关事务地方标准制修订、实施、效果评价及监督等工作；协调处理本地区标准化的有关问题。

三、机关事务管理标准化技术组织

为有序推进全国机关事务管理标准化工作，国管局推动组建了机关事务管理标准化技术组织——全国机关事务管理标准化工作组（国家标准化管理委员会公告2019年第12号，2019年11月7日）。全国机关事务管理标准化工作组作为机关事务领域的标准化技术组织，主要负责机关国有资产管理、公务用车管理、办公用房建设与管理、人防工程建设与管理、职工住宅建设与管理、公共机构节能（需与SAC/TC 20协调）、公务接待、后勤服务、政府集中采购、住房公积金、机关事务管理信息化等领域国家标准制定和修订工作。

（一）全国机关事务管理标准化工作组构成

全国机关事务管理标准化工作组设主任委员、副主任委员、委员，下设秘书处负责工作组运转等日常工作。第一届全国机关事务管理标准化工作组由25名委员组成，主要包括中央国家机关、地方机关事务管理部门、科研院所、高等院校、知名企业等有关方面熟悉机关事务工作的专家；工作组委员任期为3年。工作组秘书处由中国标准化研究院和国管局政策法规司联合承担，设秘书长1人，副秘书长2人，秘书若干人。

（二）全国机关事务管理标准化工作组职责

全国机关事务管理标准化工作组负责机关事务标准的技术归口工作，其职责主要包括：

——提出本专业领域标准化工作的政策和措施建议；

——组织开展国家标准制定、修订工作，包括提出制定、修订国家标准项目建议，开展国家标准的起草、征求意见、技术审查、复审等，承担有关国家标准的解释工作；

——指导国家标准实施工作，审查国家标准实施情况评估结果；

——为各地区机关事务管理部门的标准化工作提供技术指导；

——承担国家机关事务管理局、国务院标准化行政主管部门交办的其他工作。

（三）工作组近期重点工作

未来几年，全国机关事务管理标准化工作组将重点开展以下工作：

1. 优化机关事务标准体系

目前，已经初步制定机关事务标准体系。但是，随着机关事务工作的快速发展，新业态、新技术、新问题的出现，需要适时根据事业的发展，进一步优化完善机关事务标准体系。

2. 加快重要国家标准的制定

当前机关事务标准的研制并不能满足快速发展的机关事务工作需求。在今后几年内，将不断梳理机关事务管理重要领域缺失标准，以基础通用标准、机关经费管理、办公用房和公务用车管理、后勤服务管理等为重点，强化机关事务管理国家标准的供给。

3. 加强基础研究工作

机关事务管理标准化是一个新兴的标准化领域，迫切需要加强战略规划和有效引导，为此应积极开展机关事务管理标准化的基础理论研究和重要标准的预研等工作，为完善我国机关事务管理标准化体系奠定理论基础。

4. 壮大标准化专家队伍

吸纳机关事务管理相关专家、技术骨干和标准化专家，充实壮大机关事务管理标准化专家队伍，增进专家之间的交流，为机关事务标准化工作的开展提供智力支持。

第二节　机关事务标准化工作推进

一、推进主体及其责任

机关事务标准化工作推进是需要长期持续的系统性活动，涉及诸多部门、人员和步骤、环节，机关事务管理部门必须担负起主体责任，作为主导者有序、稳妥推进各项工作。

（一）坚持部门主导、全员参与

立足于自身力量研制实施标准，树立机关事务工作一线人员亲自参与、亲身实践编制、实施标准的导向，解决问题推动工作，提升能力锻炼队伍，既保证标准的科学性和实用性，又有助于标准贯彻实施的自觉性。实践证明，机关事务工作者最了解机关事务工作，开辟出一条适合机关事务工作的标准化道路，必须亲自参与、亲身实践。

（二）坚持内外结合、共商共建

一方面，适度借助专业机构等“外脑”的技术支撑和指导，进行系统筹划、有效沟通、持续学习，但不能过度依赖，更不能一包了之、撒手不管。另一方面，适时运用“拿来主义”，机关事务工作虽然在纵向机构职能、横向业务内容上有差异，但从保障机关运行的基点出发，各级各地机关事务工作在职能事项、基本要求、工作流程等方面还是有互通性、共用性的，在标准化建设中，各地也无必要都“另起炉灶”，完全可以学习借鉴标准化开展较早、成效较好的地方经验，结合本地区实际进行改造，形成符合自身实际和特点的标准化路径。

二、标准化工作推进中的问题

本书第一章对现阶段我国机关事务标准化建设面临的基础性问题进行了阐述。同样，在机关事务标准化工作推进过程中同样存在着一些问题，这些问题随着工作推进的深度和广度日益凸显。

（一）标准体系不够完善

在印发《机关事务标准化发展规划》时曾建立了一个标准体系，但当时有些“急就章”，一些标准项目层级不清、定位不准，随着标准化建设的深入推进，问题不断显现。有些地方建立的标准体系也过于庞杂，标准法规全装在一个体系里，难以厘清。需要抓好标准体系不断改进、完善，进行再梳理、再优化，形成目标明确、层次适当、定位清晰的标准体系，切实发挥指引作用。

（二）国家标准进展缓慢

截至目前，机关事务管理领域只有 7 项公共机构节能国家标准，没有其他国家标准。机关事务标准化建设离不开适当数量的国家标准，需要针对办公用房、公务用车管理等重点工作加强研究，找准切入点，注重共通性，出台涵盖相关业务领域的国家标准。

（三）基础能力较为薄弱

机关事务管理的对象是具体事务性工作，更侧重于实践操作，在推进标准化的过程中，都面临着没有专业人才、缺乏经费支持的困境，制约了工作推进进度。要探索依托自身力量为主，借助专业机构支撑，打造一支既懂机关事务管理又能开展标准化建设的队伍，还要强化理论研究，形成符合机关事务实际的标准化理论，提供有效支撑和引领。

三、标准化工作推进中应把握的原则

标准化工作不能简单化为编制标准，编制标准是一种手段，更为重要的是质量标准意识的培育、提升，并将其渗透到管理服务保障各项工作中去，实现管理流程合理有效，管理行为规范严格，服务保障活动有规有矩、质量稳定，建立起行为规范的体系。

（一）必要为先，找准定位

一方面，充分认识标准的必要性，只有具备共同使用和重复使用特征的工作，才有必要去编制标准；对于那些适用范围窄、次数少的特殊个性事项，没有必要去耗费精力搞标准化。另一方面，应当把握省、市、县三级机关事务管理部门在职能、机构及工作基础等方面的具体差异，各有侧重，省一级部门着力于标准的制定和监督，市、县两级部门着力于标准的贯彻和执行，不鼓励盲目申报国家标准。

（二）需求为主，问题导向

标准化工作要从实际出发，注重实践需求，认真梳理归纳现实问题，找出亟须通过标准化破解的难点和痛点，集中精力优先在重点业务领域、主干职能领域制定和修订有针对性、可操作性的标准，急用先行、先易后难，加快推动标准的出台和实施，切实通过标准化解决实际中存在的问题。

（三）突出重点，强化职能

标准化工作要重点围绕机关事务管理部门的组织运行、职能履行、工作任务加以明确和固定，优化机关事务管理职能，实现以制度标准稳固职能、充实职能、强化职能。通过合理确定工作重点，把握顺序节奏，掌握轻重缓急，成熟一项出台一项，与业务工作同步开展、互相促进。

（四）突出效果，强化监管

标准化工作的关键是将标准真正用起来、用得好。以标准化的实际效果为根本追求，重视标准本身的适用性、有效性、先进性，不能只制定不监管，要强化标准的实际运用和改进提升，以激励促主动，以监管促实施，做到够用、管用、好用，切实取得规范和提升保障管理服务质量和效能的实际成效，防止标准化成为“面子工程”。

（五）以点带面，多化联动

鼓励试点地区大胆尝试、积极探索，形成一些可复制、可推广的标准和经验做法，切实发挥以点带面的作用。鼓励一些地区在本区域内开展会议接待服务、食堂餐饮服务、办公物业管理等分项标准试点，发挥基层首创精神，示范带动其他地区有侧重、有突破、有进展。结合法治化、精细化、信息化、社会化、绩效化等开展标准化建设，形成多化联动的局面，实现标准化规范业务、优化流程、节约成本、提升效能的目标。

四、标准化工作推进措施

（一）完善工作机制

工作成效与工作机制密不可分，做好机关事务标准化工作，必须在工作机制上找方法、下功夫。

在国家层面，国管局“摸着石头过河”，成立了局标准化工作领导小组，谋划全系统和全局标准化工作，明确政策法规司承担推进标准化工作；加强与国家标准委和中国标准化研究院的沟通合作，探索组建了全国机关事务管理标准化工作组，更好发挥规划部署、指导协调、统筹推进作用，体现工作的权威性和专业性。

在地方层面，绝大多数省级机关事务管理部门成立了标准化领导机构，明确了工作机构，加强与标准化行政主管部门和专业机构的合作，部分地方机关事务管理部门成为本地区标准化工作联席会议或标准化建设领导小组成员单位。在此基础上，继续加大力度完善工作机制，抓好全国机关事务管理标准化工作组的运转，形成专业化、长效化局面；强化统筹协调，明晰各级机关事务管理部门在标准化工作中的定位和职责，形成系统整体；深化有关部门间合作，发挥好部门合力，为推进工作提供坚实基础。

（二）注重标准制定和修订

标准的制定、修订和实施，是标准化工作的核心内容。由于存在实践特性、观念落后等因素，机关事务标准化工作起步晚，重视不够，在标准方面十分欠缺，除了在公共机构节能方面有 7 项国家标准，没有其他业务方面的国家标准，相应的地方标准也不多。

推进机关事务标准化需要结合业务工作实际，出台一定数量的重要业务领域的分项标准、地方标准和标准类规范性文件，并抓好实施应用。近年来，国管局一直加大沟通协调力度，推动机关运行经费、国有资产、后勤服务、公共机构节能等重点业务领域分项标准及标准类规范性文件出台。随着机关事务标准化推进，各地方机关事务标准出台的业务领域、数量和质量都有了很大提升。下一步，需要继续选准标准化重点方向，严格把关，继续按照“成熟一个、出台一个”的原则制定出台国家标准、地方标准及标准类规范性文件，并抓好实施运用，切实取得效果。

（三）抓好试点示范

试点是推进机关事务标准化工作的有力抓手，筛选出一些基础条件好、工作特点足、素质能力强的地方，结合各自实际开展试点工作，围绕试点任务形成可推广、可复制的经验做法，为其他地方提供借鉴参照，有利于加快推进机关事务标准化。2018 年，国管局、国家标准委选取了四川省机关事务管理局、湖北省十堰市机关事务服务中心开展试点工作，取得了积极进展，形成了本区域的标准体系，出台了一批标准，展现了标准实施的效果，并顺利通过了验收考核。2019 年，国管局与国家标准委联合印发《关于开展第二批机关事务标准化试点工作的通知》，确立 20 家单位为第二批机关事务标准化试点单位，并首次设立了综合性试点单位和分项标准试点单位。对试点单位的选定，综合考虑了工作基础、区域分布、地方特点和申报材料等多方面因素，选出了一批基础较好、有代表性的单位进行试点。针对这两批试点单位，国管局将及时跟踪了解工作进展，认真研究遇到的情况问题，扎实组织试点单位评估验收，大力推广经验做法，切实保障试点工作成效。大多数省级机关事务管理部门也开展了本地区标准化省级试点工作，聚焦试点任务，试出务实管用的经验做法，形成可以复制的推进路径。

（四）加强指导协调

机关事务标准化是一项全系统的重点工作，具有系统性、整体性的特点，需要抓好自上而下的指导协调，形成规范有序的工作局面。

国管局将继续做好每年的“三个一”工作，即每年初及时通报一次全国机关事务标准化工作进展情况，展现各地的工作亮点；年中时组织举办一次全国机关事务标准化业务培训，提升系统内人员标准化能力水平；年底时组织召开一次全国机关事务标准化工作会议，切实发挥好统筹指导作用。国管局还在门户网站开设了标准化工作专栏，设立了公共邮箱，为全系统提供有关的工作信息、政策制度和具体分项标准，促进资源共享。同时，国管局加大与标准化专业机构和高校的研究合作，不断强化机关事务标准化理论研究，形成理论体系，提供理论引领和支撑。各地机关事务管理部门也采取多种形式进行指导协调，召开工作推进会议，进行业务培训，强化舆论宣传，还有的依托合作研究机构进行理论研究，取得了积极成效。

第三节　标准化宣传培训与推广

标准得以有效实施的前提条件是让所有执行者知道有标可依、有标可用，且能够正确、准确理解和使用标准。因此，每项标准发布后的宣传贯彻，尤其是培训工作至关重要。标准的实施主要包括标准的宣传、培训、推广应用等活动，标准化宣传是标准化工作的主要内容。加强机关事务标准化宣传、培训和推广，对于提高机关事务工作者标准化意识、有效推进标准实施、增强机关事务标准化社会影响力具有重要意义。

一、内容和方式

（一）标准化意识教育

提高标准化意识是标准化工作有效开展的前提，单位领导的标准化意识直接关系到机关事务标准化工作的成败。因此，标准化意识教育是标准化宣传和培训的首要内容。标准化意识教育的重点是要求各级机关事务管理部门及其干部职工理解标准化对实现机关事务工作高质量发展的意义，标准的推广和应用对规范服务流程、提升管理和保障效能的作用，以及如何利用标准化手段来推进本岗位的工作。标准化意识教育的内容包括以下方面：

1. 标准和标准化的基本概念；

2. 与标准化相关的法律、法规和政策文件，比如《中华人民共和国标准化法》《国务院深化标准化工作改革方案》《国家标准化体系建设发展规划(2016—2020)》等；

3. 机关事务标准化现状及发展趋势、标准体系建设情况等，比如《机关事务标准化发展规划(2018—2020年)》等；

4. 机关事务标准化对国家治理体系和治理能力现代化、机关事务工作高质量发展、建设节约型机关的意义和作用。

标准化意识教育的方式多种多样，除了传统的集中培训方式外，利用报刊、电视、网络、现场宣传等来宣传标准化的作用和基本知识已成为目前主流的教育方式，其最大的优势是受众面大。

（二）标准的宣传解读

对发布的标准进行宣传、解读和推广是标准实施过程中的一项首要工作。标准制定完之后，负责起草单位或标准化专业技术归口单位应根据标准的内容、范围及复杂程度组织宣传贯彻工作培训，主要包括以下内容：

1. 宣传贯彻标准的重要性，通过讲解标准制定的背景和目的，使执行该标准及相关工作的人员了解标准制定的意义和重要性；

2. 讲解标准条文，使工作人员理解和掌握标准规定的内容和各项要求；

3. 讲解标准在实施中应注意的问题，对于代替旧标准的新版标准，还应通过编写新旧标准内容对照表、新旧标准更替注意事项及其他参考资料等，使工作人员有针对性地掌握标准变化的内容，以更有效地推进标准的顺利实施。

（三）其他标准化专题知识培训

标准化专题知识培训具有明确的培训对象和培训内容，一般针对标准化某一方面知识有明确需求的工作人员，可开展相关标准化专题知识培训。比如介绍相关重要标准，让工作人员了解与工作相关的重要标准的主要内容；讲授标准制定和修订程序及标准的编写方法；讲授标准文献的检索途径和具体的查询方法。标准化专题知识培训可采取如下方式：

1. 授课式

通过集中授课的模式讲解标准化理论及机关事务标准化的知识，授课内容具有系统性，使广大机关事务工作者全面掌握标准化理论在机关事务领域的应用实践。比如按照机关国有资产管理、办公用房管理、公务用车管理、公共机构节能、后勤服务等业务板块来专题讲授。授课式需要注意的事项是要充分考虑机关事务工作一线人员的文化程度、知识结构、专业背景等方面的差异，授课内容应当通俗易懂，授课范围应当普惠广泛，来达到效果的最佳化。

2. 研讨式。机关事务标准化工作是一个新兴课题，在之前的工作中也积累了不少困惑和问题，通过形式多样、不同主题的研究讨论，一方面加深广大机关事务工作者对标准化知识及机关事务标准化发展的理解，提高制定标准、运用标准的综合能力；另一方面在充分的交流借鉴中深化认识、理清思路，找到解决问题的方法举措。

3. 案例式。机关事务标准化开展以来，部分地方和部门机关事务管理部门标准化建设取得了突出成效，总结出了许多行之有效的经验，特别是试点单位在标准体系搭建、标准编制、地方标准申请、标准化信息化融合推进等方面的做法和模式，通过标准化案例将标准化理论知识同实际工作相结合，探讨用标准化知识解决本业务领域问题的方法，提高分析和解决标准化问题的能力。

二、组织和实施

机关事务标准化宣传、培训和推广是一项复杂细致的工作，必须有计划地做好安排才能取得良好的效果，主要包括以下四个方面：

（一）确定需求

确定需求是有效开展标准化宣传培训的前提，目标不清的宣传培训不会取得良好的效果，而且会造成资源的浪费。标准化宣传培训的需求应以提高工作人员的标准化意识和标准化工作能力为根本点，从工作人员的标准化知识需要以及现有标准化技能和所从事工作的标准化要求方面的差距来考虑。

（二）健全机制

为了保障宣传培训的工作效果，在标准化工作规划、计划和方案中，应当做出专门安排，明确宣传和培训的相关内容和要求，明确工作机构、工作职责和责任人，制定有力措施，落实经费保障，组织抓好落实，在标准化年度工作报告中总结相关情况。

（三）搭建平台

通过搭建交流平台使标准化宣传培训生动化、互动化、立体化。

国管局在官方网站设置了“推进机关事务标准化”专栏，在《中国机关后勤》杂志上开设机关事务标准化试点巡展专栏，定期展示标准化工作成果成效；开通资料共享专用邮箱，召开现场会和研讨会，定期举办专题培训班，构建了机关事务标准化工作宣传培训和推广的平台，为扩大影响力、整体推进机关事务标准化工作发挥了强大的助力作用。

（四）创新方式

随着社会经济发展，机关事务标准化宣传培训工作需要不断推陈出新。传统的工作方法包括了制发文件、制作板报、召开会议、举办培训班等。当前，各级机关事务管理部门已经有一些有益尝试，比如建设专用培训场所、开发模拟培训软件、开办移动智能平台、编制标准“一岗一册”、制作宣传影像漫画等，满足知识性、交互性、娱乐性要求。

第四节　机关事务标准化试点示范建设

机关事务标准化属于新领域，且全国机关事务系统面临的机构设置、职能配置、精力条件、现实情况等不尽相同，如果搞“一刀切”“大锅饭”，一哄而上地开展标准化工作，很可能产生事倍功半的效果。因此，要结合地方能力和实际循序渐进，抓住重点、分清主次地开展标准化工作，基础好、能力强的地区先行先试，为兄弟部门提供经验借鉴，尽可能地避免走弯路、错路。通过试点的带动引领和示范作用，盘活全系统标准化工作，切实取得有益成效。

根据《社会管理和公共服务综合标准化试点细则（试行）》（以下

简称《标准化试点细则》)《机关事务标准化发展规划(2018—2020年)》,机关事务标准化试点工作由国管局和国家标准委共同组织。各省、自治区、直辖市机关事务管理部门可以结合本地情况,参照《标准化试点细则》或本地区相关规定,联合当地市场监管部门开展本地区机关事务标准化试点。

一、试点申报

(一) 申报条件

试点单位一般是负责机关事务工作的部门,可以是承担行政职能的管理局,也可以是承担服务职能的服务中心等。机关事务标准化试点分为综合性试点和专项试点,二者的申报条件不尽相同。申请综合性试点的,应当具有一定的标准化工作基础,建立了标准化工作机构,有专门人员负责标准化工作或有标准化技术研究机构提供支撑,有比较完备的机关事务标准体系设计,在本地区能够较好地发挥系统指导作用,有拟定地方标准的明确打算和详细计划,试点期间能够出台不少于 1 项地方标准;申请成为分项试点的,应当在本领域具有鲜明地方特色和优势,已经具备比较扎实的标准化工作基础和实践经验,试点期间能够制定相关地方标准或配套制度标准。

(二) 申报程序

试点申报程序主要包括申报、评选和确定试点等环节。在申报阶段,组织开展试点的部门应当发布有关通知,明确申报要求和时限。申请部门根据通知要求提交《机关事务标准化试点申请书》(见表 2.1)。申请书应详细写明试点工作的自我评价、工作基础、下一步工作安排和保障措施等,并加盖有关部门公章。在评选阶段,组织开展试点的部门汇总相关材料，可以会同当地标准化行政主管部门及有关专家进行评选。在确定试点阶段，应当根据最终评选结果，确定试点名单，并下发正式通知。通知中既要明确试点单位，还要对试点目标、工作任务、组织保障、主要安排等进行明确。

（三）评选重点

评选环节作为申报过程中最为关键的步骤，有必要对评选的重点进行专门解释。评选主要考虑的因素包括工作基础、区域分布、地方特点和申报材料等方面，其中首要的是工作基础，可以通过定性和定量相结合的方式进行评价，确定是否具有标准化工作机构，是否有开展过相关的工作，是否制定了有关标准等基础指标并进行赋分，同时可设置一些诸如经费保障、创新做法等额外的加分项目，给予综合评价，得出初选名单。如果得分较高的初选单位超出了预定试点单位数量，就需要结合区域分布、地方特点和申报材料等进行统筹平衡，保证试点能够尽可能发挥作用，辐射到更多的地区。

二、试点推进

为保证试点顺利推进，要加强组织保障。首先，要强化组织领导。试点单位应当成立试点工作领导小组，制定试点工作安排，确定具体实施步骤和时间节点，明确具体实施部门，做到专门机构和专人负责。其次，要完善工作机制，定期开展内部检查，及时发现问题，适当合理激励。定期向主管部门报告工作情况，便于主管部门及时帮助协调并解决问题。最后要形成工作合力，加强与当地标准化行政主管部门的合作，在政策、资金、技术等方面争取支持。

试点推进过程中面临的任务并不完全固定，但一些基本任务是需要完成的，主要包括以下内容：一是建立健全标准体系。试点单位应当根据实际需要，梳理业务流程及目前已有标准内容，根据管理职能和服务保障对象的需要，构建科学合理、层次分明、满足机关事务发展需求、体现区域特色的综合或分项标准体系框架，编制明细表，确保标准体系在组织内部有效运行。机关事务标准体系可以包括国家标准、地方标准以及标准类规范性文件和组织内部标准。二是收集和制定相关标准。综合试点单位应当重点围绕机关事务主要业务领域，分项试点单位应当聚焦本项目业务职能，收集并采用现行的国家标准、行业标准和地方标准。无相应国家标准、行业标准和地方标准的，应当突出问题导向，根据实际需求研究制定有关标准，对于成熟度高、适用性广的地方标准，可申报国家标准。三是开展标准的宣传培训。对正在使用和新发布的标准，试点单位应当开展专题培训，宣传解读标准的重要意义、内容内涵和实施要求等，提高干部职工标准化意识，帮助了解、熟悉并掌握标准要求，增强执行标准的自觉性。四是强化标准实施。试点单位应当建立标准实施检查考核、信息反馈、评估和结果运用机制，定期组织内部检查和自我评价，及时调整改进不适应需求的标准；推动标准化与信息化深度融合，积极采用新技术强化标准实施，推动标准落地；定期总结试点方法经验并推广应用，争创机关事务标准化品牌。

三、试点评估和验收

为做好机关事务标准化试点的评估验收工作，推动机关事务标准化工作的有序开展，根据《标准化试点细则》《机关事务标准化发展规划（2018—2020年）》以及国管局、国家标准委联合印发的关于开展试点工作的有关通知，国管局编制了《机关事务标准化试点评估验收工作指引》，对评估验收基本事项、中期评估程序、期满验收程序、验收结论等进行规范明确。

试点工作期限一般为 2 年。建设中期应当开展评估工作，可以由组织开展试点的部门联合当地市场监管部门共同开展，并委托第三方进行。试点期满前 3 个月，试点单位应当按照试点目标和任务进行自评估，对组织管理、标准体系建设、标准实施应用、任务完成情况和试点效果进行总结评价，必要时可委托专业机构开展评估，实地查看现场，查阅相关资料，调查满意程度，形成评估报告，报送主管部门。主管部门收到报告后，应当组织专家组对报送的评估报告进行审查，并组成验收小组对试点单位进行验收，具体验收标准可参照表 2.2 机关事务标准化试点评估验收考核表，结合实际情况制定。验收结束后，应该授予通过验收的试点单位“机关事务标准化单位”，并积极推广宣传试点单位的经验和做法，扩大试点工作实效。

表 2.1 机关事务标准化试点申请书

一、试点承担单位基本信息			
单位名称		法定代表人 （负责人）	
单位地址			
申请类型	综合性试点（ ） 分项标准试点（ ）	分项标准 试点内容	
标准化机构（或者协调组织）名称		标准化负责人 姓名	
电子信箱		联系电话	
标准化工作自我评价（包括总体情况、与试点应具备条件符合性、创新做法等）			

（续表）

<table>
<tr><td colspan="3">二、已开展标准化工作情况</td></tr>
<tr><td colspan="3"></td></tr>
<tr><td colspan="3">三、下一步工作安排（包括宣传培训、标准体系建立、制定及实施标准、自查、申请评估等）</td></tr>
<tr><td>时间</td><td>阶段工作内容</td><td>负责单位及参与单位</td></tr>
<tr><td></td><td></td><td></td></tr>
<tr><td></td><td></td><td></td></tr>
<tr><td></td><td></td><td></td></tr>
<tr><td></td><td></td><td></td></tr>
<tr><td colspan="3">四、保障措施（包括机构、人员、经费、工作抓手等）</td></tr>
<tr><td colspan="3"></td></tr>
<tr><td colspan="3">五、试点承担单位、参加单位意见</td></tr>
<tr><td colspan="3">承担单位（盖章）：
负责人（签名）
年　月　日</td></tr>
<tr><td colspan="3">参加单位（盖章）：
负责人（签名）
年　月　日</td></tr>
</table>

表 2.2　机关事务标准化试点评估验收考核表

试点单位：________ 填表人：________ 填表时间：________ 总得分：________

考核项目	考核内容		评分标准	得分依据	得分
组织管理（8 分）	领导职责（4 分）	1	明确了标准化试点领导机构及职责，得 2 分。	查看文件	
		2	试点单位主要负责人承担标准化试点建设领导职务的，得 2 分。	查看文件	
	工作机构（4 分）	3	组建或明确标准化试点专门工作机构，并为其提供必要的工作场所、物资等工作条件的，得 2 分。	实地查看	
		4	配备专（兼）职工作人员，工作人员掌握标准化知识与工作方法，得 1 分。	实地查看 随机抽查	
		5	试点单位为本地区标准化工作联席会议及类似机构成员单位，或相关人员承担了省级以上（含）标准化技术组织委员职务，得 1 分。	查看文件	
工作机制（12 分）	管理机制（5 分）	6	将标准化工作及试点建设纳入试点单位年度计划，得 2 分。	查看文件	
		7	制定试点工作方案，阶段性目标任务明确，得 1 分。	查看文件	
		8	建立标准制修订、培训、监督检查，以及标准化考核奖惩、持续改进等工作机制，并能长期有效运行，得 2 分。	查看文件	
	理论研究（4 分）	9	与标准化专业机构、高校建立长期合作关系，得 2 分。	查看合作协议、会议记录等	
		10	自行或委托第三方开展了机关事务标准化理论研究，取得研究成果，得 1 分。	查看相关成果	
		11	以试点单位或个人名义在相关报刊上发表机关事务标准化理论文章的，得 1 分。	查看报刊	
	经费保障（3 分）	12	为试点工作提供了保障专项经费，得 3 分。	查看文件	

（续表）

考核项目	考核内容		评分标准	得分依据	得分
标准体系与标准制定（26分）	标准体系（8分）	13	有完整体系表，得2分。	查看文件	
		14	体系表有层次结构且合理，得2分。	查看文件	
		15	覆盖试点建设所涉及的机关事务全部事项，且相互协调，得2分。	查看文件	
		16	标准体系能够体现该试点所涉及机关事务业务事项特点或该单位、区域特点，得2分。	查看文件	
	标准制定（18分）	17	牵头制定了国家标准的，每一项加2分；制定出台了地方标准的，每一项加1.5分。（要求已发布） 参与制定了国家标准的，每一项加1分；制定了地方标准的，每一项加0.5分。（要求已发布） 制定了组织内部标准及标准类规范性文件的，每一项加0.5分。 本部分最高得分为10分。	查看标准文本或有关立项批复	
		18	标准制定有专业人员参与的，提升了标准专业性的，得2分。 标准制定有一线职工参与的，提升了标准可操作性的，得2分。	查看文件 实地走访	
		19	标准内容设计简明易懂、科学合理的，得4分。	查看标准文本	
宣贯培训（10分）	宣贯动员（2分）	20	召开至少1次宣传动员会，得2分。	查看记录	
	集中培训（3分）	21	组织1次集中培训得1分，最高3分。	查看记录	
	宣传推广（5分）	22	通过宣传栏、宣传册以及现代信息技术等手段，营造内部学习和实施标准的环境氛围，得1分。	查看有关材料	
		23	对外开展标准化试点建设宣传，及时发布试点建设最新进展，得1分。	查看相关报道	
		24	引起社会、公众媒体等关注的，得1分。	查看相关报道	
		25	有关工作经验向其他单位推广的，得2分。	查看相关记录	

（续表）

考核项目	考核内容		评分标准	得分依据	得分
实施路径与监督（16分）	标准实施（7分）	26	采取切实可行措施，推动标准体系中各领域、各环节标准有效实施，得4分。	实地查看	
		27	各岗位人员掌握本岗位执行标准知识，得3分。	随机抽查	
	过程记录（3分）	28	对标准实施过程中形成的记录完整存档，得3分。	查看文件	
	监督检查（6分）	29	制定了标准实施检查工作计划（或日常检查程序），定期组织监督抽查，实施检查记录和问题处理记录完整，得3分。	查看文件	
		30	管理和服务行为符合标准要求，服务质量满足标准要求，得3分。	实地查看	
评价改进（4分）	自我评价（2分）	31	对标准实施的符合性和实施效果进行评价，有评价报告，得2分。	查看文件	
	持续改进（2分）	32	针对标准实施检查和自我评价等发现的问题实施了持续改进，及时提出并修订标准体系中的标准，得2分。	查看文件	
实施效果（24分）	行为规范（6分）	33	管理流程和服务行为规范的，得6分。	实地查看	
	效率提升（6分）	34	优化管理或服务流程，减少冗余环节、提高效率的，得6分。	查看文件	
	满意度提高（6分）	35	管理或服务对象满意度提升的，得6分。	查看文件	
	成本降低（6分）	36	减少资源浪费，降低机关运行成本的，得6分。	查看有关数据	
总分	100				

第三章　机关事务标准体系

第一节　机关事务标准体系总体架构

一、定位、思路与原则

机关事务标准体系定位于机关事务工作整体层面。根据《中华人民共和国标准化法》和国务院《深化标准化工作改革方案》的精神，结合机关事务工作实际，构建国家标准、地方标准和标准类规范性文件合理布局、相得益彰的机关事务标准体系。

标准体系应体现《深化标准化工作改革方案》提出的“简政放权、放管结合”“国际接轨、适合国情”“统一管理、分工负责”“依法行政、统筹推进”的总体要求，形成层次分明、内容简洁的新型标准体系，作为机关事务标准化的顶层设计，为标准制定、修订和实施推广提供科学依据。

机关事务标准体系是由一系列机关事务关联标准组成的有机整体。标准是标准化活动的产物，因此，标准体系建立所应遵循的原则也是标准化活动遵循的原则，按照《标准体系表编制原则和要求》(GB/T 13016)，结合我国机关事务工作的现状、特性和发展趋势，机关事务标准体系应按以下原则建立：

1. 全面系统，重点突出。机关事务标准体系的构建应综合考虑已发布实施的、在研的以及将来需要制定的国家标准、标准类规范性文件。以政府的视角，覆盖各项机关事务工作；同时，突出机关国有资产管理、公务用车管理、办公用房建设与管理、人防工程建设与管理、职工住宅建设与管理、公共机构节能、公务接待、后勤服务、政府集中采购、住房公积金、机关事务管理信息化等机关事务重点工作。

2. 基于现实，适度引导。建立机关事务标准体系，要基于我国当前社会经济的发展水平，结合“创新、协调、绿色、开放、共享”五大发展理念，关注机关事务发展新趋势，适度引领一些新标准的研制，体现标准体系的先进性。

3. 科学合理，积极创新。基于机关事务发展的内在规律，充分遵照机关事务相关的法律、法规及部门规章，运用标准化基本原理和系统工程理论，建立科学合理的机关事务标准体系。同时，在制定、修订标准时，应体现机关事务的创新性，保持标准体系的开放性和可扩充性，既要考虑满足当前机关事务工作的实际需要和发展水平，也要为未来的标准研制预留空间。

4. 层次清晰，避免交叉。在充分研究标准体系建立方法的基础上，遵循系统工程理论，按照体系协调、职责协调、管理有序的要求，建立机关事务标准体系，使得总体系与子体系协调、子体系与子体系协调，尽量避免交叉重复，体现整个标准体系的系统性、层次性。

二、体系构建方法

标准体系的构建方法主要包括项目法、要素法、对象法和过程法。

1. “项目法”适用于构建提供不同组合、不同种类管理与服务的综合性标准体系。例如,我国邮政业标准体系就是按“基本业务”和“增值业务”两大业务项目进行划分。

2. “要素法”适用于构建主要依托各类要素集成而提供管理与服务事项的标准体系。例如,全国旅游标准体系的搭建即以“吃、住、行、游、购、娱”六项旅游活动核心要素作为依据。

3. “对象法”适用于构建因服务对象不同而需提供不同管理和服务事项的标准体系。例如,“十二五”规划时期,全国人力资源和社会保障标准体系中的“社会保障”部分,即根据社会保险的不同对象将标准体系分为社会保险通用标准、养老保险标准、医疗保险标准、工伤保险标准、失业保险标准、生育保险标准等子体系。

4. “过程法”适用于相对单一固定的管理与服务活动开展标准体系构建。在日常实践中,“过程法”多用于基层单位开展标准体系建设,国家层面或行业层面由于涉及面广、内容更为丰富、业务流程往往不统一,因此采用此方法不多。

需要指出的是,根据机关事务工作的特性,可采取项目法和要素法相结合的方式,构建机关事务标准体系。

三、机关事务标准体系框架

根据上述原则,机关事务标准体系框架主要包括五大部分:基础通用标准、机关经费管理标准、资产管理标准、服务管理标准和公共机构节能标准,具体内容见图 3.1。

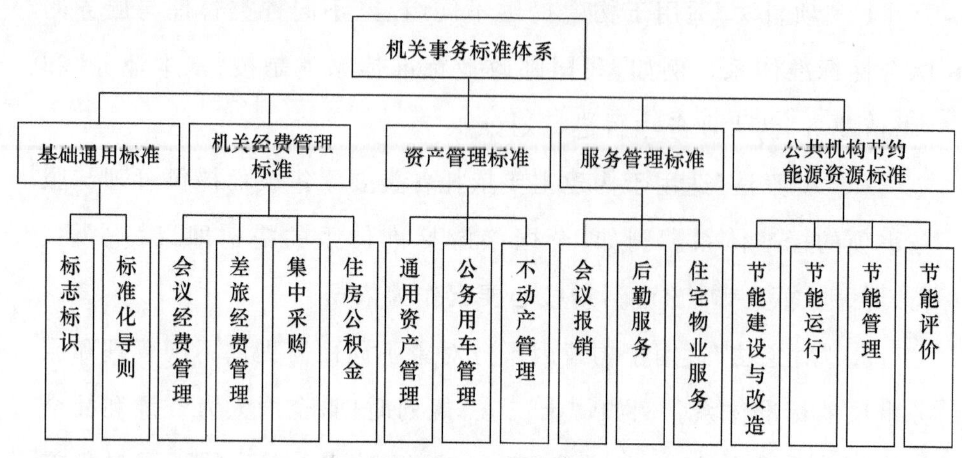

图 3.1　机关事务标准体系框架

第二节　机关事务标准分体系

一、基础通用标准

基础通用标准是对机关事务标准化的共性因素所制定的标准，对制定各种标准具有普遍的指导作用。例如，术语、符号标准，代码、编码标准，管理通则（通用管理程序和管理方法标准），图表账卡文件格式标准等[①]。就机关事务基础通用标准而言，可围绕机关事务管理基础术语、公务车辆标识、机关事务管理部门标准化工作指南等领域制定标准。

（一）机关事务管理术语标准

目前，我国尚没有直接针对机关事务管理基础术语的国家标准

① 李春田、房庆、王平主编：《标准化概论》，中国人民大学出版社 2014 年版，第 121 页。

或行业标准。在不远的将来,不仅要制定机关事务管理的专门术语,同时还要广泛采用已有的成熟术语。具体的机关事务管理相关术语标准见表3.1。

表3.1　机关事务管理相关术语标准

序号	标准名称和编号
1	GB/T 10112—1999 术语工作 原则与方法
2	GB/T 16785—2012 术语工作 概念和术语的协调
3	GB/T 33172—2016 资产管理 综述、原则和术语
4	GB/T 36688—2018 设施管理 术语
5	GB/T 30520—2014 会议分类和术语
6	GB/T 25647—2010 电子政务术语
7	GB/T 22633—2008 住宅部品术语
8	GB/T 20000.1—2014 标准化工作指南 第1部分:标准化和相关活动的通用术语

(二) 公务用车标识标准

公务用车标识方面尚没有国家和行业标准,相关要求主要体现在政策文件和相关要求中。

2013年10月,中纪委明确表示将督促各地严格公车编制和配备标准,条件成熟的地区和部门积极推行公务用车统一标识、GPS定位等制度。2014年7月16日,中共中央、国务院向社会公布《关于全面推进公务用车制度改革的指导意见》,明确除涉及国家安全、侦查办案等有保密要求的特殊工作用车外,执法执勤用车应当喷涂明显的统一标识。

2017年,吉林省按规定对公务用车喷涂标识,实施标识化管理。标识化管理的实施单位为全省各级党政机关,要求其于2017年12月

31日前有序组织做好标识喷涂、实施工作。凡不按规定喷涂、故意遮盖、擅自损毁标识的，将被通报批评，责令限期改正。对工作中弄虚作假、工作不力，造成不良影响的，按照有关规定，追究相关人员的责任，做到“严格规范、不留死角”。吉林省公务用车标识见图3.2。

图3.2　吉林省公车标识

2018年7月，为接受社会各界监督，北京市8万余辆公务用车全部统一了车窗标识，市民拨打“12345”举报的违规用车线索将直接转到纪检监察部门。公务用车全部安装北斗定位终端，非工作时段用车将自动报警。[①] 北京市公务用车标识分4种类型，见图3.3。

红色标识为党政机关公务用车　　蓝色标识为国有企业公务用车

黄色标识为事业单位公务用车　　绿色标识为企事业单位的生产经营和业务保障用车

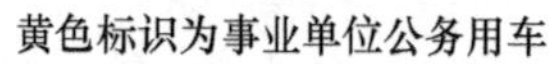

图3.3　北京市公务用车标识

① 《北京8万公车贴标亮身份 非工作时段用车自动报警》，载新浪网：http://news.sina.com.cn/s/2018-07-02/doc-ihespqry6915938.shtml，访问时间：2018年8月4日。

总体而言，当前各省(自治区、直辖市)的公车标识有很大差别，主要有两种类型：一是公车贴标，北京、上海、广西等地在公务用车前窗显著位置张贴标识，有些车标还体现了地方特色，如四川省成都市的标识为金沙太阳鸟图腾，西藏山南地区的车标是吉祥八宝图。二是车身喷涂，浙江、天津、江西、江苏、湖北等地均采用这种方式。以浙江为例，执法执勤用车必须按相关管理办法和规定喷涂统一标识图案及监督电话“12345”①。

二、机关运行经费管理标准

机关运行经费管理标准主要包括会议经费管理标准、差旅经费管理标准、集中采购管理标准和住房公积金管理标准，见表 3.2。

表 3.2 机关运行经费管理领域标准现状和拟制定计划

序号	子体系	标准名称	标准层级	标准约束力	标准状态	备注
1	会议经费管理	中央和国家机关会议费管理办法			财行〔2016〕214 号	目前为财政部规范性文件
2	差旅经费管理	中央和国家机关差旅费管理办法			财行〔2013〕531 号	目前为财政部规范性文件
3	集中采购	中央国家机关集中采购规则	标准类规范性文件		待制定	
4	住房公积金	中央国家机关住房公积金缴存业务规范	标准类规范性文件		待制定	
5		中央国家机关住房公积金个人贷款业务规范	标准类规范性文件		待制定	

① 《嗨，各地都标识了，公车还敢“私奔”吗?》，载新华网：https:// www.xinhuanet.com/finance/2018-08/04/c_1123222998.htm，访问时间：2019 年 4 月 12 日。

（一）会议费管理标准

目前，机关会议费方面尚没有国家标准。具体定额标准主要通过规范性文件的形式予以明确。

1993 年，财政部、国务院机关事务管理局印发了《中央国家机关会议费管理办法》（国管财字〔1993〕第 049 号），对会议的分类和标准予以了规定。

2006 年，国家机关事务管理局发布《中央国家机关会议费管理办法》（国管财〔2006〕426 号），明确了会议的分类、会议的分级审批、会议费开支范围、开支渠道、开支标准等。2007 年，针对《中央国家机关会议费管理办法》执行过程中的具体问题，国家机关事务管理局制定了《中央国家机关会议费管理补充规定》（国管财〔2007〕217 号），对各类会议的审批、日期计算、会场要求等做了细化规定。

2008 年，国家机关事务管理局、财政部对中央国家机关会议费开支进行了调整，并下发了《关于调整中央国家机关会议费开支标准的通知》（国管财〔2008〕331 号）。

2013 年 9 月，财政部等下发《中央和国家机关会议费管理办法》，再次对会议费上调，规定会议费开支上限：一类会议每人每天 660 元，二类会议每人每天 550 元，三、四类会议每人每天 450 元。

2016 年 6 月，为贯彻落实《党政机关厉行节约反对浪费条例》，财政部联合国家机关事务管理局、中共中央直属机关事务管理局印发《〈中央和国家机关会议费管理办法〉的通知》（财行〔2016〕214 号），对会议的分类、审批和会议费管理等进行了规定，提高了会议费开支标准。

不同时期发布的会议费标准定额见表 3.3。此外，与会议费有关的政策性文件还有《党政机关会议定点管理办法》（财行〔2015〕1 号）。

表 3.3　会议费开支定额标准　　单位:元/人·天

1993 年文件确定的会议费定额标准				
会议级别	房租费	伙食补助费	其他费用	合计
一类会议	70	30	20	120
二类会议	50	30	20	100
三类会议	35	30	15	80

2006 年文件规定的会议费开支标准					
会议类别	房租费	伙食补助	其他费用	合计	备注
一类会议	250	80	70	400	含会议室租金
二类会议	170	80	50	300	
三类会议	150	80	30	260	

2008 年文件规定的会议费开支标准	
会议类别	合计
一类会议	600
二类会议	500
三类会议	400

2013 年文件规定的会议费开支标准				
会议类别	住宿费	伙食费	其他费用	合计
一类会议	400	150	110	660
二类会议	300	150	100	550
三、四类会议	240	130	80	450

2016 年文件规定的会议费开支标准				
会议类别	住宿费	伙食费	其他费用	合计
一类会议	500	150	110	760
二类会议	400	150	100	650
三、四类会议	340	130	80	550

部分地方也制定了适用于本地区的机关会议费管理办法。如2014年4月,陕西省委办公厅、陕西省人民政府办公厅印发了《省级机关会议经费管理办法》(陕办发〔2014〕6号),对陕西省级机关会议分类、审批和会议经费管理等做出了明确规定。浙江省于2013年制定《浙江省省直机关会议活动管理规定(试行)》(浙委办发〔2013〕82号),省财政厅于2014年制定《浙江省省级机关会议费管理规定》。北京市于2014年发布《北京市市级党政机关事业单位会议费管理办法》,2017年对该《管理办法》进行了修订;北京市园林绿化局还制定了自己的会议费管理标准——《北京市园林绿化局会议费管理办法》,其会议费开支标准与北京市市级党政机关事业单位会议费开支标准相同,但对会议费执行的具体手续等进行了细化规定。

(二)差旅费管理标准

在差旅费标准方面,目前尚未有传统意义上的现行国家标准。相关规定以规范性文件为主。

2006年11月13日,财政部印发《中央国家机关和事业单位差旅费管理办法》(财行〔2006〕313号),明确出差人员暂按副部长级人员每人每天600元、司局级人员每人每天300元、处级以下人员每人每天150元标准以下凭据报销。

2013年,为加强和规范中央和国家机关差旅费管理,财政部根据《党政机关厉行节约反对浪费条例》,制定出台了《中央和国家机关差旅费管理办法》(财行〔2013〕531号),明确差旅费包括临时到常驻地以外地区公务出差所发生的城市间交通费、住宿费、伙食补助费和市内交通费,并对乘坐交通工具的等级标准做出了具体规定,见表3.4。

表 3.4　不同级别人员交通工具等级标准

交通工具级别	火车(含高铁、动车、全列软席列车)	轮船(不包括旅游船)	飞机	其他交通工具(不包括出租小汽车)
部级及相当职务人员	火车软席(软座、软卧),高铁/动车商务座,全列软席列车一等软座	一等舱	头等舱	凭据报销
司局级及相当职务人员	火车软席(软座、软卧),高铁/动车一等座,全列软席列车一等软座	二等舱	经济舱	凭据报销
其余人员	火车硬席(硬座、硬卧),高铁/动车二等座、全列软席列车二等软座	三等舱	经济舱	凭据报销

2014 年 9 月 15 日,财政部办公厅印发了《中央和国家机关差旅费管理办法有关问题的解答》(财办行〔2014〕90 号)。

2015 年,财政部综合考虑各地区宾馆(饭店)住宿费价格变动、实际工作需要、淡旺季等因素,制定出台了《关于调整中央和国家机关差旅住宿费标准等有关问题的通知》(财行〔2015〕497 号)。该文件对《中央和国家机关差旅费管理办法》(财行〔2013〕531 号)规定的差旅住宿费标准进行了调整。其中,北京、上海等 11 个城市部级干部住宿费标准、7 个城市司局级干部住宿费标准和 33 个城市处级及以下干部住宿费标准得到了提升。同时,对拉萨、西宁、哈尔滨、海口、大连、青岛等 6 个受地理、气候等自然条件限制和季节性热点影响较大的城市试行差旅住宿费淡旺季标准。这些调整提升了标准的实际可操作性。

2016年，财政部发布《中央和国家机关工作人员赴地方差旅住宿费标准明细表》（财行〔2016〕71号），将差旅住宿费标准细化到地市，并公布了相关标准，自2016年5月1日起执行。

2019年7月，财政部办公厅、国管局办公室、中直管理局办公室联合印发《关于规范差旅伙食费和市内交通费收交管理有关事项的通知》（财办行〔2019〕104号），明确中央单位出差人员出差期间缴纳餐费和交通费的标准。

在地方政府层面，广西壮族自治区财政厅于2014年5月发布《本级党政机关差旅费管理办法》，根据第12条和第17条的规定，自治区各单位工作人员出差住宿费和伙食补助费依照财政部制定的分地区标准执行。上海、安徽、山东、贵州和四川等地财政厅也参照财政部的有关规定，公布了差旅住宿费和伙食补助费标准表。

（三）集中采购标准

政府采购包括集中采购和分散采购。政府采购方面的国家标准和地方标准见表3—5。总体而言，政府采购方面的现行国家标准并不多。在国家标准计划方面有两个已终止，分别是《政府采购实施规范 项目控制》（20132684—T—469）和《政府采购实施规范公开招标》（20132683—T—469）。在地方标准方面，江苏、安徽、山东、四川等省制定了一些政府采购方面的地方标准，内容涉及采购方式变更、询价、项目控制、公开招标、供应商质疑投诉等，见表3.5。但从标准名称看，尚未有单独针对集中采购的标准。

表 3.5 政府采购方面标准

序号	标准名称	备注
1	GB/T 33496—2017 政府采购电子电器服务规范	国标
2	DB32/T 2358—2013 政府采购 公开招标	江苏
3	DB51/T 1945—2014 政府采购公开(邀请)招标操作规程	四川
4	DB51/T 1714—2013 政府采购规范	四川
5	DB32/T 3137—2016 政府采购 采购方式变更	江苏
6	DB32/T 3138—2016 政府采购 询价	江苏
7	DB32/T 2716—2014 政府采购 项目控制	江苏
8	DB32/T 3136—2016 政府采购 单一来源	江苏
9	DB32/T 2718—2014 政府采购 竞争性谈判	江苏
10	DB51/T 1944—2014 政府采购询价采购操作规程	四川
11	DB32/T 2359—2013 政府采购 代理机构服务规范	江苏
12	DB32/T 2717—2014 政府采购 供应商质疑投诉	江苏
13	DB51/T 1942—2014 政府采购单一来源采购操作规程	四川
14	DB51/T 1943—2014 政府采购竞争性谈判采购操作规程	四川
15	DB51/T 1945—2014 政府采购公开(邀请)招标操作规程	四川
16	DB34/T 1744.3.3—2012 公共资源交易市场服务标准体系 第3部分:政府采购	安徽
17	DB37/T 1982.2—2011 公共资源交易服务规范 第2部分 政府采购	山东
18	DB51/T 1252—2011 政府采购 教学仪器设备产品质量验收规范	四川

在法律、法规方面，2002年6月29日，第九届全国人民代表大会常务委员会第二十八次会议通过《中华人民共和国政府采购法》，并于2014年8月进行修正。2014年12月31日，国务院第75次常务会议审议通过了《中华人民共和国政府采购法实施条例》，自2015年

3月1日起施行；其中，对采购当事人、采购方式、采购程序、采购合同、质疑与投诉、监督检查等内容进行了细化规定。

1999年4月，财政部印发《政府采购管理暂行办法》，规定采购机关分为集中采购机关和非集中采购机关，并对集中采购机关采购事务的内容做出了具体规定。同年5月，《国务院办公厅转发国务院机关事务管理局关于在国务院各部门机关试行政府采购意见的通知》（国办发〔1999〕51号），规定了暂定的政府采购范围，明确采购方式以招标采购为主，谈判采购、询价采购、单一来源采购等其他方式为辅。2000年3月27日，国务院机关事务管理局印发《中央国家机关政府采购实施办法（试行）》（国管财字〔2000〕61号），规定了政府采购方式、招投标程序、采购合同与资金支付等相关内容。财政部则先后出台了《政府采购货物和服务招标投标管理办法》（中华人民共和国财政部令 第18号）、《政府采购信息公告管理办法》（中华人民共和国财政部令 第19号）、《政府采购供应商投诉处理办法》（中华人民共和国财政部令 第20号）等规范性文件。

（四）住房公积金管理与服务标准

在住房公积金管理和服务方面，目前没有专门的国家标准、行业标准或地方标准。亟待制定的标准是《中央国家机关住房公积金缴存业务规范》和《中央国家机关住房公积金个人贷款业务规范》。

在法律、法规方面，住房公积金管理主要依据《住房公积金管理条例》。该行政法规于1999年4月由国务院发布，并于2002年3月进行修订。在政策文件方面，国管局针对住房公积金发布了许多政策，表3.6列出了2015年以来发布的住房公积金方面的主要政策。

表 3.6　2015 年以来发布的住房公积金政策

序号	时间	政策文件名
1	2017	关于开通掌上办理住房公积金业务的通知(国机房资〔2017〕6 号)
2	2017	关于深入推进“放管服”改革开通住房公积金网上办理的通知(国机房资〔2017〕4 号)
3	2016	关于改进住房公积金提取业务方便单位和职工办事的通知(国机房资〔2016〕10 号)
4	2016	关于取消住房公积金个人贷款担保收费优化贷款业务流程的通知(国机房资〔2016〕13 号)
5	2016	关于推广使用中央国家机关住房公积金手机短信服务的通知(国机房资〔2016〕12 号)
6	2015	关于调整住房公积金个人贷款最低首付款比例的通知(国机房资〔2015〕12 号)
7	2015	关于调整住房公积金个人贷款政策有关问题的通知(国机房资〔2015〕5 号)
8	2015	关于进一步调整住房公积金个人贷款有关问题的通知(国机房资〔2015〕3 号)
9	2015	关于印发《中央国家机关住房公积金封存账户管理办法》的通知
10	2015	关于住房公积金异地个人住房贷款有关操作问题的通知(建金〔2015〕135 号)

三、资产管理标准

在资产管理方面,已有的标准如《中央行政单位通用办公设备家具配置标准》《中央国家机关通用办公软件配置标准》《中央行政事业单位软件资产管理暂行办法》《中央行政事业单位资产管理绩效考评办法》《中央行政事业单位国有资产处置管理办法》《党政机关办公用房建设标准》《中央国家机关办公用房维修标准》等,见表 3.7。

表 3.7 资产管理类标准

序号	子体系	标准名称	标准层级	标准约束力	标准状态	备注
1	通用资产管理	固定资产分类与代码	国家标准	推荐性标准	GB/T 14885—2010	
2		无形资产分类与代码	国家标准	推荐性标准	即将发布	
3		中央行政单位通用办公设备家具配置标准			财资〔2016〕27号	目前为财政部规范性文件
4		中央国家机关通用办公软件配置标准			国管资〔2013〕42号	目前为国管局规范性文件
5		中央行政事业单位资产管理绩效考评办法			国管资〔2012〕204号	目前为国管局规范性文件
6		中央行政事业单位国有资产处置管理办法			国管资〔2009〕168号	目前为国管局规范性文件
7	公车管理	党政机关公务用车统计报告数据标准	标准类规范性文件		待制定	
8		中央国家机关公务车辆工作程序规范	标准类规范性文件		待制定	
9	不动产管理	党政机关办公用房建设标准			发改投资〔2014〕2674号	目前为国家发展改革委、住房和城乡建设部规范性文件
10		中央国家机关办公用房维修标准			国管房地〔2016〕332号	目前为国管局规范性文件

一些地方还针对党政机关的安全防范方面制定了相关标准，如上海市发布的《重点单位重要部位安全技术防范系统要求 第10部分：党政机关》(DB31/T 329.10—2018)，辽宁省发布的《公共场所安全技术防范 第1部分：党政机关》(DB21/T 2987.1—2018)等。

在资产管理标准方面，下一步的工作重点是制定和修订通用资产管理标准、公车管理标准和不动产管理标准。在公务用车方面，拟推动《党政机关公务用车统计报告数据标准》《中央国家机关公务车辆工作程序规范》等标准的制定出台。在不动产管理方面，推动《中央国家机关建设项目管理指南》《中央国家机关用地数据统计标准》《中央国家机关不动产登记工作规范》等标准的制定。

四、服务管理标准

在服务管理标准方面，目前已有《中央国家机关后勤服务指南》《中央国家机关购买后勤服务管理办法(试行)》等标准类规范性文件，还有一些组织内部标准，见表3.8。

表 3.8 机关后勤服务管理方面的相关标准

序号	子体系	标准名称	标准层级	标准约束力	标准状态	备注
1	后勤服务	中央国家机关后勤服务指南			国管办〔2018〕80号	目前为国管局规范性文件
2		中央国家机关后勤服务管理绩效评价指南	标准类规范性文件	推荐性标准	待制定	
3		党政机关办公区物业服务监管规范	国家标准	推荐性标准	待制定	
4		中央国家机关健康食堂标准			已制定	中央国家机关爱卫会印发

（续表）

序号	子体系	标准名称	标准层级	标准约束力	标准状态	备注
5	住宅物业服务	一级物业服务管理标准（部级干部住房）			已制定	作为组织内部标准操作执行
6		二级物业服务管理标准（周转房）			已制定	作为组织内部标准操作执行

从地方层面看，一些地区制定了机关服务及相关管理方面（如绩效评价、应急）的标准，如四川省发布的《机关办公区物业管理服务规范》、河北省发布的《机关办公楼物业管理服务规范》、上海市发布的《机关物业室内绿化养护要求》（DB31/T 815—2014）、山东省发布的《省级机关办公楼（区）物业服务与管理规范》等，都对机关物业服务管理等做出了规定，见表 3.9。

表 3.9　机关物业服务方面的地方标准

序号	标准名称	备注
1	DB51/T 2534—2018 机关办公区物业管理服务规范	四川
2	DB13/T 2671—2018 机关办公楼物业管理服务规范	河北
3	DB35/T 1637—2017 物业管理服务组织绩效评价细则	福建
4	DB31/T 815—2014 机关物业室内绿化养护要求	上海
5	DB44/T 1048—2012 物业服务 应急管理规范	广东
6	DB37/T 3473—2018 省级机关办公楼（区）物业服务与管理规范	山东

下一步，服务管理方面拟重点推进后勤服务规范及管理绩效评价、党政机关办公区物业服务监管等方面的标准制定。

五、公共机构节约能源资源标准

机关事务管理部门承担着保障党政机关正常运行所需的经费、资产和服务管理等重要职责，是推进机关能源资源节约的重要职能部门。公共机构节约能源资源标准是机关事务标准体系的重要组成部分，这一领域的技术标准也是数量最多的。

我国历来重视公共机构节能。《节约能源法》将公共机构节能作为独立章节，明确了公共机构节能的管理体制和重点工作。2008 年，国务院发布《公共机构节能条例》，对公共机构的节能管理体制、规划编制、计量统计、评价考核、用能管理、监督检查等做出了全面规定。2014 年，国家发展改革委等七部委联合发布《能效"领跑者"制度实施方案》(发改环资〔2014〕3001 号)，将公共机构节能纳入能效"领跑者"制度实施范围，凸显我国提高公共机构能效水平的决心。2015 年 6 月，为贯彻落实中央财经领导小组第六次会议、《国务院办公厅关于加强节能标准化工作的意见》和《中共中央国务院关于加快推进生态文明建设的意见》的有关精神，国家标准委联合国管局、国家发展改革委等部门建立了节能标准化联合推进机制，成立了工作组。2016 年，国务院印发了《"十三五"节能减排综合工作方案》，明确提出"实施建筑节能先进标准领跑行动"，开展超低能耗及近零能耗建筑建设试点，推广建筑屋顶分布式光伏发电。同年，国管局和国家发展改革委联合印发了《公共机构节约能源资源"十三五"规划》(国管节能〔2016〕87 号)，提出"健全节约能源资源管理体系，建立比较完善成熟的公共机构节约能源资源组织管理体系、制度标准体系、技术推广体系、统计监测体系、监督考核体系、宣传培训体系"。

从内容上看，公共机构节能标准主要分为节能建设与改造标准、节能运行标准、节能管理标准和节能评价标准。目前，我国在公共机构节能领域已发布7项国家标准：《公共机构能源审计技术导则》(GB/T31342—2014)、《公共机构能源管理体系实施指南》(GB/T32019—2015)、《公共机构能源资源计量器具配备和管理要求》(GB/T29149—2012)、《公共机构能源资源管理绩效评价导则》(GB/T30260—2013)、《公共机构节能优化控制通信接口技术要求》(GB/T32036—2015)、《节约型学校评价导则》(GB/T29117—2012)、《节约型机关评价导则》(GB/T29118—2012)。这些公共机构节能标准实施取得显著成效。根据《节约型公共机构示范单位评价标准》的规定，全国分两批共创建了2050家节约型公共机构示范单位，带动"十二五"规划期间全国公共机构人均能耗下降17.14%，单位建筑面积能耗下降13.88%，人均用水量下降17.84%。通过强化标准实施，严格按照标准要求推进节约型公共机构示范单位评价工作，以点带面，有效促进了公共机构开展节能改造，有力支撑了我国公共节能监管体系建设。

表3.10　已发布的公共机构节能标准

序号	标准名称	标准层级	标准效力	标准号
1	公共机构能源资源计量器具配备和管理要求	国家标准	推荐性标准	GB/T29149—2012
2	公共机构节能优化控制通信接口技术要求	国家标准	推荐性标准	GB/T32036—2015
3	公共机构能源管理体系实施指南	国家标准	推荐性标准	GB/T32019—2015
4	公共机构能源审计技术导则	国家标准	推荐性标准	GB/T31342—2014
5	节约型学校评价导则	国家标准	推荐性标准	GB/T29117—2012
6	节约型机关评价导则	国家标准	推荐性标准	GB/T29118—2012

（续表）

序号	标准名称	标准层级	标准效力	标准号
7	公共机构能源资源管理绩效评价导则	国家标准	推荐性标准	GB/T30260—2013
8	公共机构办公用房节能改造建设标准	行业标准	推荐性标准	建标 157—2011
9	中央国家机关办公区节能监管系统工程技术指南			已制定
10	公共建筑节能改造技术规范	行业标准	推荐性标准	JGJ 176—2009
11	节水型单位建设标准			目前为水利部、国管局规范性文件
12	中央和国家机关节约型办公区评价导则			目前为国管局规范性文件
13	节约型公共机构示范单位及公共机构能效领跑者评价标准			目前为国管局规范性文件

下一步，要制定的标准将主要聚焦于节能评价，探索制定并发布《公共机构水效领跑者评价规范》和《公共机构能耗定额标准》等国家标准。

第四章　机关事务标准编制

近年来，国管局和各地区机关事务管理部门将标准化工作作为重点工作加以推进，组建了标准化工作机构，制定了标准化工作方案，明确了标准化工作任务，机关事务标准制定、修订工作扎实推进，形成了一批国家标准和地方标准，涵盖了机关运行经费、资产、服务和能源资源管理等方面。

标准是社会广泛参与、协商一致的产物，标准的编制不仅需要大量的技术工作，而且需要大量的组织和协调工作。严格按照统一规定的程序和要求开展标准编制工作，是保障标准编制质量，提高标准技术水平，缩短标准编制周期，实现标准编制过程公平、公正、协调、有序的基础和前提。本章参照《国家标准制定程序的阶段划分及代码》(GB/T16733 1997)，结合机关事务各类型标准制定和修订的实际情况，将机关事务标准编制划分为标准的立项、标准的制定、标准的审批发布三个环节。

第一节　标准的立项

立项是标准制定、修订正式启动的标志。立项阶段的任务是提出新工作项目。本节主要从标准范围、立项前准备工作、立项过程、申报途径及材料四个方面介绍机关事务标准立项的程序和要求。

一、标准范围

机关事务标准包括国家标准、地方标准、标准类规范性文件、组织内部标准四种类型。

（一）国家标准

对机关事务领域保障人身健康和生命财产安全、国家安全、生态环境安全以及满足经济社会管理基本需要的技术要求，应当制定强制性国家标准。

对满足基础通用、与强制性国家标准配套、对各机关事务管理工作起引领作用等需要的技术要求，可以制定推荐性国家标准，具体包括：

——机关事务领域通用的术语、符号、代号（含代码）、标识、文件编写格式等技术要求；

——机关事务工作的通用服务质量、服务设施以及安全管理等要求；

——机关事务工作中涉及的工程技术、能源节约、信息互联互通以及需要与多部门协调制定的技术要求；

——其他需要制定为推荐性国家标准的。

（二）地方标准

为了适应本地区机关事务工作发展，对于需要统一的特殊技术要求，可以制定地方标准。

（三）标准类规范性文件

机关事务管理部门及有关职能部门，对于需要统一的要求、流程等制定部门标准类规范性文件。

（四）组织内部标准

为了规范内部工作，机关事务管理部门及其所属单位可以制定组织内部标准。

二、立项前的准备工作

标准立项前，申报单位应在广泛调研的基础上开展相关准备工作，具体包括拟定标准内容提要（范围、主要技术内容）、确定制定标准的原则和依据、开展必要性论证、开展可行性论证、形成标准草案及工作大纲等，最终形成新的标准项目建议。对于强制性国家标准，在提出之前，由国管局充分征求有关政府部门和地方的意见，调研服务保障对象、相关企业、社会团体和研究机构等方面的实际需求，组织专家对项目的必要性和可行性进行论证评估。

（一）必要性论证

通过开展必要性论证，明确制定标准的目的和意义、确定标准内容、初步评估制定的标准实施后所取得的效益等。论证方法主要是进行广泛调查研究，收集各种标准资料、管理与服务经验总结、有关的科研成果、生产和服务使用中存在的问题及解决方法等。通过对上述资料的综合研究、对比分析，明确下列几个问题：

1. 明确是否应制定标准。标准作为技术规范中的一种，是反映客观对象发展规律的事物，而且还是共同使用和重复使用的、比较稳定的事物。因此，一些偶然性的、一次性的、个别性的技术事物，不宜制定为标准。

2. 明确制定标准的目的和意义。弄清楚为什么要制定机关事务标准，它解决的是什么样的问题，能解决到什么程度，实施标准后能取得多大的经济效益和社会效益，不制定标准造成的影响有多大，与此相关的法规、标准有哪些，哪些标准已制定，哪些标准还未制定等。

3. 明确标准的适用范围。标准的适用范围是与其影响和涉及的范围相适应的；适用的范围有多大，影响和涉及的范围就有多大。如果仅在机关事务管理部门内使用的标准，不宜制定国家标准，制定为机关事务标准类规范性文件或者组织内部标准即可。

（二）可行性论证

可行性论证的目的在于弄清制定标准的时机是否已成熟，制定的条件是否已具备，制定后实施有何困难以及应如何解决面临的难题等。可行性论证主要包括以下内容：

1. 制定标准的时机是否成熟，技术的成熟程度是否符合经济发展需要等。

2. 制定标准的条件是否具备，具体包括：

（1）是否有适当的标准起草的单位。标准制定是一项技术性、综合性很强的科研工作。因此，标准起草单位的业务范围应与标准涉及的内容相适应，应对标准涉及的专业性理论研究和相关技术都有一定的认知基础，有一定的权威，对标准中的技术发展趋势、国内外的服务水平和使用要求及当前存在的问题和解决办法都比较了解。这些单位可以是科研单位、服务企业，也可以是大专院校或使用单位。要结合标准内容，选定适当的单位为主要起草单位、协助单位，以确保能胜任所承担或安排的任务。

（2）是否有充足的资料。标准内容是否完整、全面、准确、合理，在很大程度上取决于对资料的整理、归纳、分析对比。因此，要尽量收集有关的国内外标准资料，包括国际标准、地区标准、国家标准以及企业标准等，要收集有关科研成果报告、论文，收集有关生产、使用的现状经验，总结存在问题的解决办法等文件；对收集来的国外资料必须读懂原文，才能恰当取舍。

（三）立项条件

对于国家标准而言，提出新工作项目应具备以下条件：(1) 符合国家现行的法律法规和标准化工作的有关规定；(2) 符合国家标准的立项范围和指导原则；(3) 属国家和政府急需，社会关注度较高，对保障党政机关规范高效运行有推动作用；(4) 符合国家采用国际标准的政策；(5) 同现行国家标准没有交叉；(6) 属于申报单位的业务范围；(7) 申报时可提交国家标准草案；(8) 项目预计完成周期不超过2年。

三、立项过程

国家标准立项阶段自国务院标准化行政主管部门收到新工作项目建议起，至国务院标准化行政主管部门下达新工作项目计划止。国务院标准化行政主管部门对上报的国家标准新工作项目建议统一汇总、审查、协调、确认，直至下达《国家标准制修订计划项目》。

机关事务地方标准按照各地方标准管理办法规定的程序和要求执行。

（一）提出项目建议

国管局有关业务司室、各地区机关事务管理部门，可以根据机关事务标准化发展规划和业务发展需要等，提出年度国家标准立项建议项目，提交立项项目建议书和标准草案，并于每年年底前报国管局政策法规司。其中，各地区机关事务管理部门提出立项建议的，应当与国管局有关业务司室进行协商和沟通。

（二）汇集整理并上报项目建议

国管局政策法规司对立项建议项目进行汇总、整理，委托全国机关事务管理标准化工作组进行技术评审并形成初步立项标准项目清单。

国管局政策法规司对全国机关事务管理标准化工作组提交的初步立项标准项目清单进行审核，报局领导或局长办公会议批准后，提交国务院标准化行政主管部门审批。

设区的市以上地方人民政府的机关事务管理部门根据本地区标准化行政主管部门的部署安排，按时提交地方标准立项建议，待批准后正式作为地方标准制修订项目。

国管局有关业务司室结合业务需要提出标准类规范性文件立项建议的，于每年年度前送政策法规司。国管局政策法规司汇总有关立项建议，对其必要性、可行性、适用范围、拟解决的问题等进行审核，审核通过的予以立项并据此编制年度制定、修订计划报局领导。

（三）进行立项审查

立项审查主要是对计划项目的必要性、可行性、适用范围及拟要解决的主要问题等进行审查。国务院标准化行政主管部门对上报的国家标准新工作项目建议统一汇总。对于推荐性国家标准，按照《推荐性国家标准立项评估办法（试行）》进行立项评估。对于强制性国家标准，由国务院标准化行政主管部门进行立项审查，国务院有关行政主管部门负责对反馈意见进行协调处理，国务院标准化行政主管部门可以根据需要组织专家对项目进行专题论证，或召集协调会议。

（四）下达年度计划

国务院标准化行政主管部门根据立项审查的结果，批准国家标准制定、修订年度计划项目。在国家标准制定、修订计划项目批准之前，国务院标准化行政主管部门应在官方网站公示计划项目，向全社会公开征求意见，公示时间不少于20个工作日。公示无异议的，国务院标准化行政主管部门按规定程序审批下达国家标准计划项目。

四、申报途径及材料

国家标准计划项目实行网上申报方式，同时需要提交相关书面材料。另外，国家也会根据国民经济与社会发展需要，适时公布国家标准计划项目的重点领域指南。各地区、各部门及各技术委员会均可通过国家标准计划项目网上申报系统，直接申报国家标准计划项目。

（一）网上申报要求

申报国家标准项目须通过“国家标准制修订工作管理信息系统”(http://home.sacinfo.org.cn/)填报电子材料。申报材料应包括：

1. 项目建议书。项目建议书应填写完整、翔实，分情况予以备注：

——省级标准化行政主管部门申报的项目应在“备注”栏中说明与相关技术委员会或归口单位沟通协调的情况。

——军民通用国家标准项目应在项目建议书中选择“军民通用”项目，并说明协调情况。

——NQI等国家重大科技项目支撑项目应在“备注”栏中标注“NQI＋课题名称”或其他科技项目名称。

2. 标准草案。申报单位应认真准备标准草案，标准草案应明确提出主要章节及各章节所规定的主要技术内容。对于标准修订项目，应重点说明拟修订标准的主要内容和理由。

3. 项目申报公文和国家标准项目汇总表扫描后通过“国家标准制修订工作管理信息系统”上传。

（二）申报材料格式

其他所需申报材料，可从全国标准信息公共服务平台中的“国家标准制修订工作管理信息系统”下载。

第二节 标准的制定

标准的制定一般包括起草阶段、征求意见阶段和审查阶段。本节将主要介绍机关事务标准的制定原则、结构、编写方法以及制定过程。

一、制定原则

制定标准的目标是规定明确且无歧义的条款，以便促进机关事务工作发展。因此，制定标准要综合考虑科学性、完整性、准确性、先进性、合理性、适用性及可操作性，即要在其范围所规定的界限内按需要力求完整，确保内容清楚和准确，对根据相关科学、技术和经验的综合成果判定的一定时期内产品、过程或服务的技术能力的发展程度加以充分考虑，为未来技术发展提供框架，并能被未参加标准编制的专业人员所理解。为保证标准的质量和水平，在制定标准时应遵循以下原则：

(一) 依法合规原则

标准的制定是一项技术复杂、政策性很强的工作，直接关系到国家、社会和人民群众的利益，因此，标准中的所有规定均不得与有关法律、法规相违背。制定机关事务标准时应重点贯彻落实《党政机关厉行节约反对浪费条例》《机关事务管理条例》《公共机构节能条例》和《机关事务工作“十三五”规划》《机关事务标准化发展规划(2018—2020年)》等法规和政策。

(二) 统一性原则

统一性是标准编写及表达方式的最基本要求。统一性强调的是内部的统一，并且包含三个层次，即一项单独出版的标准的内部，一项标准中各个部分的内部，一系列相关标准的内部。从内容上来看，具体包括标准结构、文体和术语的统一。

1. 结构的统一

标准结构是指标准中的部分、章、条、段、图、表、附录的排列顺序。在起草系列标准中的各个部分或单项标准时应做到标准或部分之间的结构尽可能相同。例如，《节约型学校评价导则》(GB/T29117—2012)和《节约型机关评价导则》(GB/T29118—2012)的结构都包括“范围、规范性引用文件、术语和定义、评价指标分类和方法、评价指标内容和要求”等。

2. 文体的统一

文体的统一是指类似的条款应使用类似的措施来表述，相同的条款应使用相同的措施来表述。例如，《节约型学校评价导则》(GB/T29117—2012)和《节约型机关评价导则》(GB/T29118—2012)皆采用了相同的文体，如图4.1所示。

GB/T29117-2012　节约型学校评价导则

……

5.1.3.3　对采暖、空调、照明、电梯、实验室和机房等进行专项节能管理，包括：

a）采暖系统的分区分时控制等；

b）空调系统的节能运行和模式等；

c）照明系统的分区分时控制等；

d）电梯系统的智能控制；

e）实验室实行专项节能管理；

f）机房实行专项节能管理；

g）其他节能措施。

……

GB/T29118-2012　节约型机关评价导则

……

5.1.3.3　对采暖、空调系统、照明设备、电梯以及其他大型设备等主要用能设备进行专项节能管理；

a）采暖系统的分时控制等；

b）空调系统的节能运行和模式等；

c）照明系统的智能控制等；

d）电梯系统的智能控制；

e）其他节能措施。

……

图 4.1　标准文体统一示例

3. 术语的统一

术语的统一是指每项标准或系列标准（或一项标准的不同部分）内，对于同一概念应使用同一术语。对于已定义的概念应避免使用同义词。每个选用的术语应尽可能只有唯一的含义。例如，《公共机构节能管理规范 第1部分：基础规范》（DB32/T 1645.1—2010）中已经定义了"能源统计"这一概念，因此，在该系列标准的其他各部分应统一使用"能源统计"这一术语。

（三）协调性原则

在标准系统中，只有当各个标准之间的功能彼此协调时，才能实现整体系统的功能最佳。为实现标准整体协调的目的，标准的编写应遵守现行基础标准的有关条款，尤其涉及标准化原理和方法，标准化术语，术语的原则和方法，量、单位及其符号，参考文献的标引、图形符号等内容；同时，要注意查阅其他相关标准，确保不与之发生冲突。

（四）适用性原则

标准应结构合理、层次分明、内容具体、具有可操作性和可检查性，文字表达应准确、严谨、简明、易懂。标准的内容应便于实施，并且易于被其他的标准或文件所引用。

（五）规范性原则

在标准起草之前应确定标准的预计结构和内在关系，充分考虑内容的划分。为了保证一项标准或一系列标准的及时发布，标准编写应符合《标准化工作导则 第1部分：标准的结构和编写》（GB/T 1.1—2009）规定的要求，根据编写标准的具体情况还应遵守《标准化工作指南》（GB/T20000—2014）、《标准编写规则》（GB/T 20001—2001）、《标准中特定内容的起草》（GB/T 20002—2008）相应部分的规定。

二、标准的结构

标准由各类要素构成，各类要素在标准中的典型编排如表4.1所示。其中，一项标准不一定包括表4.1中所有的规范性技术要素，但是可以包含表4.1之外的其他规范性技术要素。规范性技术要素的构成及其在标准中的编排顺序要根据所起草的标准的具体情况而定。

表 4.1　单独标准的构成要素

<table>
<tr><td rowspan="13">标准要素</td><td colspan="2">要素类型</td><td>要素的编排</td></tr>
<tr><td colspan="2" rowspan="4">资料性概述要素</td><td>封面</td></tr>
<tr><td>目次</td></tr>
<tr><td>前言</td></tr>
<tr><td>引言</td></tr>
<tr><td rowspan="4">规范性要素</td><td rowspan="3">规范性一般要素</td><td>标准名称</td></tr>
<tr><td>范围</td></tr>
<tr><td>规范性引用文件</td></tr>
<tr><td>规范性技术要素</td><td>术语和定义
符号、代号和缩略语
要求
……
规范性附录</td></tr>
<tr><td colspan="2">资料性补充要素</td><td>资料性附录</td></tr>
<tr><td colspan="2">规范性技术要求</td><td>规范性附录</td></tr>
<tr><td colspan="2" rowspan="2">资料性补充要素</td><td>参考文献</td></tr>
<tr><td>索引</td></tr>
</table>

注：表中各类要素的前后顺序即其在标准中所呈现的具体位置。

机关事务标准主要由机关事务管理标准和机关事务服务标准构成。以服务标准为例，其核心构成在于服务要素。一项服务标准至少要包括一项服务要素，其基本构成如图 4.2 所示。

例如，《公共机构能源审计技术导则》（GB/T31342—2014）和《机关办公区物业管理服务规范》（DB51/T2543—2018）的构成要素如表 4.2 所示。

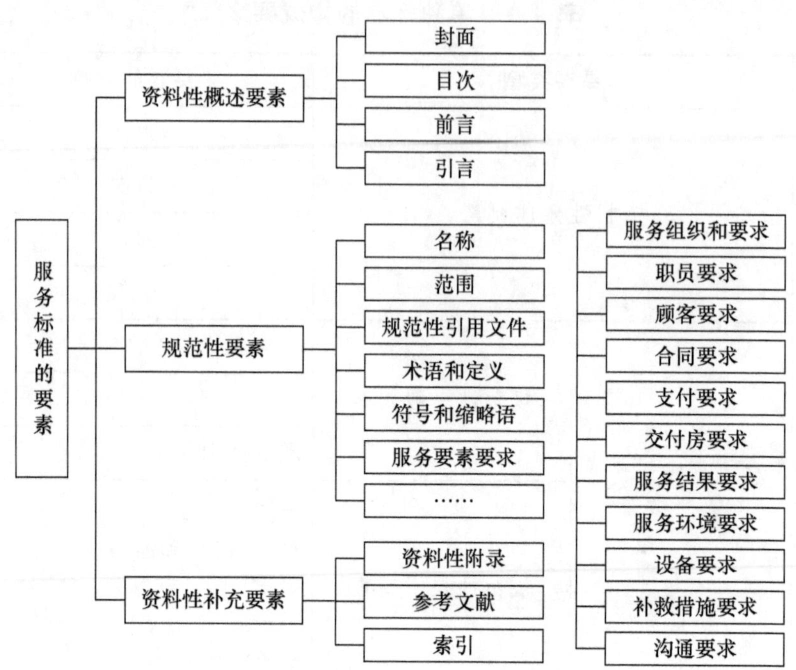

图 4.2　服务标准的构成要素

表 4.2　机关事务国家标准和地方标准的构成要素示例

要素类型		要素的编排	GB/T 31342 公共机构能源审计技术导则	DB51/T 2543 机关办公区物业管理服务规范
资料性概述要素		封面	√	√
		目次	√	√
		前言	√	√
		引言		
规范性要素	规范性一般要素	标准名称	√	√
		范围	√	√
		规范性引用文件	√	√
	规范性技术要素	术语和定义 符号、代号和缩略语 要求 …… 规范性附录	总则 公共机构能源审计程序、方法和基本要求	基本要求 管理服务要求 监督与考核

（续表）

要素类型	要素的编排	GB/T 31342 公共机构能源审计技术导则	DB51/T 2543 机关办公区物业管理服务规范
资料性补充要素	资料性附录	√	
规范性技术要求	规范性附录		
资料性补充要素	参考文献	√	√
	索引		

三、标准的编写方法

机关事务标准以管理标准和服务标准为主，以下将主要介绍服务标准和管理标准的编写方法。

（一）服务标准

服务标准是规定服务应满足的要求以确保其实用性的标准。一般来说，服务标准有按服务流程和服务要素来编写标准两种方法，并且这两种方法并不是孤立的，可以在同一个标准中联合使用。

1. 按照服务流程编写标准

按照服务流程编写标准的方法是根据服务行为发生的时间顺序来编写标准。一般来说，程序性特点比较明显的服务标准可采用此种方法编写。

2. 按照服务要素编写标准

按照服务要素编写标准的方法是针对服务活动所涉及的各个要素给出要求。可根据服务提供的具体情况，围绕图 4.2 所示的服务要素制定标准。一个标准既可以针对一个服务要素制定，也可以围绕多个服务要素来编写。

(二)管理标准

管理标准是对机关事务领域中需要协调统一的管理事项所制定的标准。管理标准的编写可充分参考质量管理体系、环境管理体系、能源管理体系、职业健康安全管理体系等系列标准。

通常会将管理过程和管理要素结合起来编写管理标准。管理过程一般包括策划、实施、评价、改进四个过程。管理要素一般包括管什么(what)、谁管(who)、什么时候管(when)和怎么管(how)。

四、制定过程

(一)起草阶段

机关事务领域国家标准起草阶段自全国机关事务管理标准化工作组收到新标准计划项目起,至标准起草工作组完成标准征求意见稿止。新标准计划项目由全国机关事务管理标准化工作组组织落实,由承担任务的单位负责完成。这一阶段的任务为完成标准征求意见稿。

1. 成立标准起草工作组

计划项目下达后,标准起草主持单位应及时会同各有关单位组成标准起草工作组,本着权威性、代表性原则,标准起草工作组应包括各利益相关方代表,广泛吸纳机关事务管理部门、行业协会、科研机构、高等院校专家以及企业和消费者代表参与标准起草,积极回应机关事务新兴领域对标准的需求。

标准起草工作组中各利益相关方代表比例应保持均衡,工作组成员应具有较丰富的机关事务理论知识和实践经验,熟悉机关事务管理业务,熟知标准制定程序,了解标准化工作的相关规定并具有较强的文字表达能力。

2. 拟订工作计划

标准起草工作组成立后，首先应制订工作计划，包括确定标准名称和范围；制定标准的目的、意义及主要工作内容；工作安排及计划进度；任务分工；调研计划安排；与外单位协作项目以及经费预算等。

3. 开展调查研究

标准起草工作组应广泛收集与起草标准有关的资料，并对搜集到的资料进行分析、研究，可以选择有代表性、典型性的调查对象针对标准中存在的关键问题或难点问题进行有针对性的调研。有些标准可能涉及技术内容或指标，如国家机关能源消耗限额、公共机构能源资源计量器具配备率等，可以安排试验进行验证和测算。

4. 完成标准征求意见稿

起草单位对标准的编写质量及其技术内容全面负责。起草单位应在广泛调研、深入研究的基础上，组织相关专家进行多轮讨论，充分协调标准各相关方，实现各方共同利益的一致，不断对标准草案进行修正完善，最后经标准起草工作组整体讨论后定稿，形成标准征求意见稿，同时完成标准编制说明及有关附件的编制工作。

"编制说明"的主要内容一般包括：(1) 工作简况，包括任务来源、项目意义、主要工作过程；(2) 标准编制原则和标准主要内容的确定依据，修订标准时，应增列新旧标准内容的对比；(3) 重大分歧意见的处理结果和依据；(4) 与有关的现行法律、法规和国家标准的关系；(5) 标准预期的经济效益和社会效益；(6) 贯彻实施标准的要求和措施建议；(7) 废止现行有关标准的建议；(8) 其他应予以说明的事项。

（二）征求意见阶段

征求意见阶段自标准起草工作组将标准征求意见稿发往有关单

位征求意见起，经过收集、整理回函意见，提出征求意见汇总处理表，至完成标准送审稿止。

1. 征询有关单位意见

征求意见稿及其“编制说明”和有关附件，经起草单位的技术负责人审查后，由起草单位负责征求各地区机关事务管理部门、工作组各位委员、有关单位的意见；征求意见可以采取会议、网站公示等多种形式，国家标准征求意见的期限应不少于2个月。对于涉及面广、关系重大的国家标准，国家机关事务管理局还应在其政府网站上公开征集社会各界的意见和建议。

2. 相关单位的意见回复

被征求意见的委员和单位应在规定期限内回复意见；如果没有意见也应复函说明，逾期不复函，按无异议处理。对于比较重大的意见，应提出技术经济论证等理由。

3. 处理意见形成送审稿

起草单位对征集的意见进行归纳整理，由起草人逐条提出处理意见。对意见的处理，大致有采纳、部分采纳和不采纳，对比应说明理由或根据，待试验或测算后确定，由标准审查会决定等情况。

分析研究后，标准起草工作组应依据处理意见对标准征求意见稿进行修改，形成标准送审稿、编制说明、意见汇总处理表及有关附件。

4. 确认能否提交审查

应将上述标准送审稿、编制说明、意见汇总处理表及有关附件送全国机关事务管理标准化工作组秘书处初审，以确认送审稿能否提交审查；必要时可重新征求意见。

（三）审查阶段

审查阶段自全国机关事务管理标准化工作组收到起草工作组完成的标准送审稿起，经过会审或函审，至工作组最终完成标准报批稿止。

1．会审要求

标准审查会是对标准内容的全面审核与确认。标准中的原则性、政策性和重大技术问题以及所有的分歧，都应在会上通过讨论、协商取得一致。

全国机关事务管理标准化工作组秘书处将标准送审稿等材料送主任委员初审后，提交全体委员进行审查（会审或函审）。一般情况下，秘书处每年组织两次评审。秘书处应在会议或投票前半个月，将标准送审稿等材料提交给各位委员；对于任务紧急的制定、修订标准，可适当缩短提交时间。

标准审查时，原则上应协商一致，如需表决，则必须有全体委员的四分之三以上同意方为通过（会审时未出席会议也未说明意见者，以及函审时未按规定时间投票者，按弃权计票）。标准起草人不能参加表决，其所在单位的代表不能超过参加表决者的四分之一。

采用会议方式审查的，全国机关事务管理标准化工作组秘书处负责形成《会议纪要》，并附参加审查会议的代表名单。秘书处应当将标准审查的投票情况和不同意见以书面形式记录在案，作为标准审查意见的附加说明。

2．函审要求

采用函审方式审查的，应按照会审的相关要求确定参加函审的单位、人员，并将标准送审稿发给函审人员。函审时间一般为 2 个月。函审单的回函率应不低于三分之二，否则应重新组织函审。函审时，必须有四分之三的回函同意，方为通过。

函审结束后，全国机关事务管理标准化工作组秘书处负责写出《函审结论》并附各位委员提交的《函审单》。秘书处应当将标准审查的投票情况和不同意见以书面形式记录在案，作为标准审查意见的附加说明。

3．完成标准报批稿

对于审查通过的标准项目，起草单位应当根据审查意见对标准送审稿进行修改完善，及时完成报批稿，经标准化工作组秘书处复核，主任委员或者其委托的副主任委员审核后，国家标准报国务院标准化行政主管部门审批。

对于审查未通过的标准，起草单位应按照审查意见的要求，修改补充有关内容，再次形成标准送审稿，重新提交全体委员进行审查。此时，项目负责人应主动向有关部门提出延长或终止该项目计划的申请报告。

（四）地方标准的制定

地方机关事务管理部门申报的地方标准立项获批后，应当组织相关单位组成起草小组，进行调查研究、综合分析后，编写地方标准征求意见稿与编制说明，经征求意见后编写成标准送审稿，提交本地区标准化行政主管部门进行审查。

审查通过后，应将审查通过的地方标准送审稿，修改成报批稿，连同附件，包括编制说明、审查会议纪要或函审结论、验证材料、参加审查人员名单等，报送本地区标准化行政主管部门。

（五）标准类规范性文件的制定

国管局有关业务司室按照国管局标准类规范性文件年度制定、

修订计划，开展标准类规范性文件制定、修订工作。标准类规范性文件的起草，应当符合规范性文件的体例和要求，还可以参照国家标准、地方标准的编写体例和技术要求，内容涉及其他单位职责的，应当征求有关单位意见并协商一致；经专家评审后形成送审稿。

标准类规范性文件经起草单位主要负责人签字、送国管局政策法规司会签后，报局领导或者局长办公会议。

标准类规范性文件报批时，起草单位应当提交的文件包括：请示（包含起草背景、主要内容、征求意见及吸收采纳情况）、送审稿、征求意见汇总表、专家评审结论等。

地方机关事务管理部门制定标准类规范性文件的，按照本地区规范性文件的制定程序和要求执行。

（六）组织内部标准的制定

机关事务管理部门及其所属单位制定组织内部标准的，根据本部门和单位实际，做好组织起草、征求意见、报批等工作。

（七）标准制定中的监督

根据《中华人民共和国标准化法》的规定，标准化工作的任务是制定标准、组织实施标准以及对标准的制定、实施进行监督。县级以上人民政府标准化行政主管部门、有关行政主管部门依据法定职责，对标准的制定进行指导和监督，对标准的实施进行监督检查。显然修订后该法的变化之一是将监督从过去仅覆盖实施环节扩展到标准的制定环节，要求“对标准制定进行指导和监督”。

针对标准制定过程中的监督问题，关键就是保证标准计划来源更加广泛、立项更加公开。针对标准制定、修订规程的公开问题，则要建立公开征求意见平台。在国家标准征求意见阶段，起草单位除原有的征求意见渠道外，还应同步制定、修订标准对外征求意见，形成“提出意见、反馈意见、按意见修改完善”的模式，从而使相关职能部门、服务保障对象方便地参与到每一项标准的制定、修订过程中。这样一来，既确保相关职能部门、服务保障对象的知情权、参与权、表达权和监督权，又确保了各方面所提出的意见得到有效的采纳和处理，让标准的适用性、科学性进一步提升。

五、项目调整

标准制定、修订的执行周期为 2 年；自标准立项之日起，超过 2 年未完成的，该标准制定、修订计划自行废止。

（一）项目调整类型

在执行过程中，必要时可以对项目进行调整。调整分为两种情况：对项目的内容、起草单位、计划进度等内容进行调整；对确属不宜制定国家标准的项目，予以撤销。

（二）项目调整程序

项目调整履行以下程序：

1. 起草单位认真填写标准项目变更申请表，以正式公函形式报标准化工作组秘书处，由秘书处提出初步处理意见。

2. 对于国家标准，经国家机关事务管理局政策法规司同意后，由工作组秘书处报送国务院标准化行政主管部门。

3. 如果调整申请未被批准，起草单位应按原定计划开展工作。

第三节 标准的审批与发布

标准的审批与发布阶段自国务院标准化行政主管部门收到标准报批稿起，至国务院标准化行政主管部门批准发布国家标准并公开标准文本止。该阶段任务是提供批准出版稿。

一、上报标准

上报标准时，起草单位应提交的文件有：报批国家标准公函 1 份；标准报批稿、“编制说明”“意见汇总处理表”、标准审查会议纪要或“函审结论”及其他附件各 2 份；如果系采用国际标准或国外先进标准制定的标准，应有该国际标准或国外先进标准原文和译文各 1 份；国家标准报批材料清单 1 份。

二、审批与发布

（一）国家标准

机关事务领域国家标准由国务院标准化行政主管部门负责。

国家标准的批准、发布实行公告制度。国务院标准化行政主管部门应在《国家标准批准发布公告》发布后 20 个工作日内，在国家标准全文公开系统（http://openstd.samr.gov.cn/bzgk/gb/）上免费公开标准文本，其中涉及采标的推荐性国家标准的公开，将在遵守国际版权政策的前提下进行。

（二）地方标准

机关事务领域地方标准的批准、发布实行公告制度。市级以上标准化行政主管部门应当在其网站和标准信息公共服务平台上公布地方标准目录和文本，供社会公众免费查阅。

（三）标准类规范性文件

机关事务领域标准类规范性文件的审批与发布，由各级机关事务管理部门负责。国管局业务司室起草的标准类规范性文件发布后，有关司室将文件文本送国管局政策法规司备案。

（四）组织内部标准

组织内部标准由制定单位审定。

第五章　机关事务标准实施

第一节　机关事务标准实施概述

一、标准实施的内涵与法规依据

（一）标准实施的内涵与意义

标准的实施就是通过一系列具体措施，将标准所规定的各项要求和技术规范贯彻落实到生产、流通、管理和服务各个环节中。对于机关事务标准化而言，标准实施就是通过一系列具体措施，将机关事务标准中所规定的各项要求和技术规范贯彻落实到管理保障服务活动中。

标准实施由宣传贯彻与实施计划、标准应用和验收、效果评价、标准修订与调整等环节构成，同时涉及相关的组织安排（主体及其权责）、运行机制和工作程序、推进标准实施的技术工具等多个方面。

标准实施是标准化工作中关键环节或中心任务，标准只有通过有效实施，才能实现制定标准的各项目的，充分发挥标准化的作用。同时，只有通过对标准实施效果的分析、评价和反馈，才能推进标准体系的持续优化和完善。

（二）标准实施的法规依据

我国从国家层面长期重视标准的实施工作。近年来，标准实施在标准化中的地位日益上升，相关的制度建设也在稳步推进。国务院《深化标准化工作改革方案》强调："改革标准体系和标准化管理体制，改进标准制定工作机制，强化标准的实施与监督，更好发挥标准化在推进国家治理体系和治理能力现代化中的基础性、战略性作用，促进经济持续健康发展和社会全面进步。"同时，国务院《深化标准化工作改革方案》首次提出建立"强制性标准实施情况统计分析报告制度"，为强化标准的实施和完善提供信息和技术保障。《中华人民共和国标准化法》将"强制性标准实施情况统计分析报告制度"上升到法律层面，并对相关主体及其责任、统计分析结果的使用等做出了规定。

现行标准化相关法规对标准实施做出了一系列原则性规定，这些规定涉及标准实施的相关主体及其职责、重点工作、配套措施、违法违规处置等方面。

1. 强制性标准的实施。不符合强制性国家标准的产品、服务，不得生产、销售、进口或者提供，违法者应承担民事责任。同时，相关政府部门应依照有关法规进行查处，记入信用记录，予以公示；构成犯罪的，应依法追究刑事责任。

2. 其他标准的实施。国务院有关行政主管部门和地方政府制定的推荐性国家标准和地方标准，应依法进行编号或者备案，同时定期对标准进行复审。未依照上述规定对标准进行编号、复审或者备案且不能及时改正的，应对责任者依法给予处分，国务院标准化行政主管部门可撤销相关标准编号或公告废止未备案标准。企业应当公开其执行的各类标准的编号和名称，企业执行自行制定的标准的，还应当公开产品、服务的功能指标和产品的性能指标，国家鼓励团体标准、企业标准通过标准信息公共服务平台向社会公开。未依照规定对团体标准或者企业标准进行编号，或未公开其执行的标准的，由省级以上人民政府标准化行政主管部门责令限期改正；逾期不改正的，在标准信息公共服务平台上公示。

3. 强制性标准实施情况统计分析报告制度。国家建立强制性标准实施情况统计分析报告制度和信息反馈和评估机制，为标准的有效实施提供信息和技术保障。

4. 标准的复审与协调。根据标准实施统计分析、反馈和评估情况对制定的标准进行复审，复审周期一般不超过 5 年。经过复审，对不适应经济社会发展需要和技术进步的，应当及时修订或者废止。对标准实施信息进行反馈、评估、复审后发现有关标准之间重复交叉或者不衔接配套的，国务院标准化行政主管部门应当会同国务院有关行政主管部门作出处理或者通过国务院标准化协调机制处理。

二、机关事务标准实施的要求与原则

（一）机关事务标准实施的要求

我国从国家层面高度关注机关事务标准的实施。国管局和国家标准委联合印发的《关于加快推进机关事务标准化工作的通知》和国管局出台的《机关事务标准化发展规划（2018—2020 年）》都强调“强化机关事务标准实施”，并提出具体要求：加大对机关事务标准体系和分项标准的宣传贯彻力度……通过法律、法规引用、政策措施引导、检测认证推动等方式扩大标准实施的应用范围和影响。注重发挥行业协会等社会组织作用，利用行业自律等手段，推动标准有效实施。同时，结合实施效果，对标准体系及时修改完善，确保标准体系的适用性。

(二) 机关事务标准实施应遵循的原则

1. 顶层设计、统筹布局原则

机关事务标准实施应坚持系统性原则，推动顶层设计、统筹布局，有计划、有步骤地推进。首先，要处理好标准化各项任务的协调性。机关事务标准的制定遵循"优先在主干职能领域开展标准化，再逐步向其他职能领域扩展"和"急用先行、先易后难"的原则，从而出现一些标准进入实施阶段而一些标准还在制定过程中的情况。顶层设计和统筹布局要求兼顾标准的实施和制定，避免顾此失彼。其次，应统筹标准化实施的不同环节和多项任务，制定详细的实施计划，确定实施范围、实施人员及其责任、实施进度和具体要求。最后，坚持系统思维，立足当前、着眼长远，综合考虑和系统分析人力成本、支撑条件等因素，确保机关事务标准化可持续发展。

2. 加强合作、协同推进原则

机关事务标准实施涉及多元主体，包括不同责任单位和部门、全体员工、行业协会和社会组织、标准分析评价中的第三方组织等。加强合作、协同推进要求对内充分调动各责任单位参与的积极性，对外充分发挥行业协会、社会组织和第三方组织的作用，形成集大家智慧、聚大众才识，"全员参与、人人出力"的格局，推动标准的有效实施。

3. 精细化管理原则

标准实施的精细化管理原则可归结为"细、实、严"三个字。"细"就是要注重细节，具体方案要细，任务分解要细，责任落实要细；"实"就是将措施定实，使每项具体标准中的每个具体指标都指向明确、便于操作；“严”就是坚持从严求实，标准实施中的责任要有刚性约束。

第二节 机关事务标准实施的工作运行体系

《机关事务标准化发展规划（2018—2020年）》提出：“通过建立机关事务标准化基础研究、标准制修订、实施推广、评估监督、人才培养等机制，逐步强化责任明确、高效有序的工作运行体系。”高效有序的标准化工作运行体系包括两个方面：一是标准化的相关主体及其责任，二是标准化的运行和管理机制。从标准实施角度看，工作运行体系也由以上两个要素构成。

一、标准实施相关主体及其责任

目前，全国各省市普遍建立了标准化推进的工作体系，其共同点是加强领导、明确工作职责、制定任务分解表、标准化工作纳入单位年度绩效考核等。需要明确的是，推进标准化的工作体系覆盖标准制定、实施、监督、调整多个环节，而非专门针对标准实施环节建立的工作体系。例如，浙江省机关事务管理局发布了组织内部标准，即《机关事务标准化工作指南》，该标准重点围绕“标准体系、标准编写以及标准的实施监督评价与改进”等环节，厘清相关概念，明确工作边界，梳理工作流程。

随着机关事务标准化工作的不断推进，近年来一些地方开始专门针对标准实施环节出台相关制度，规范相关主体及其责任。江苏省常州市机关事务管理局出台的《机关事务标准化落地实施的指导意见》(以下简称《指导意见》)就是这方面的一个范例。《指导意见》共分七条,分别从标准宣传培训、各项标准使用实施、标准实施过程管理、标准贯彻自查督查、标准修订完善、标准化评估复审工作、标准落地实施保障机制方面,对推进标准的落地实施提出指导意见和建议。关于标准实施的主体及其责任,《指导意见》明确标准实施主体为制定标准的机关处室及行政中心相关的社会化服务单位,辖市区机关事务管理部门,局属各事业单位,以及有关延伸服务保障单位参照实施。围绕标准实施的组织领导,《指导意见》要求建立常态的长效监督检查机制,建立标准落地实施的成效评估和改进完善机制,不断提高标准的科学性、合理性、适用性;建立奖惩激励机制,将标准落地实施情况与机关年终考核、评先评优挂钩,与社会化服务单位履行服务合同的绩效考核挂钩。

二、标准实施的运行机制

机关事务标准实施的运行机制是为确保标准的有效实施而建立的工作流程、运行规则、配套措施和技术支撑等。与标准实施相关的主体及其责任相似,大多数省份围绕“标准化”建立相应的运行机制,覆盖标准的制定、实施、监督、评价调整各个环节。例如,吉林省机关事务管理局制定的《机关事务标准实施监督与评价规范》包括了一些标准实施运行机制评价的内容。

按照常州市机关事务管理局出台的《指导意见》,标准实施过程中要严格按照“制定实施标准计划、完善实施基础条件、紧扣实施重点要点和做好实施记录反馈”4 个步骤组织实施,实现全过程管理。为切实加强标准实施工作的统筹协调,常州市局建立了“局长办公会、双月推进会、项目组例会”三项工作机制,确保标准化工作按照方案步骤有力有序推进。“局长办公会”机制就是将标准化工作纳入每月局长办公例会研究的重要内容，各处室、各有关单位每月向局长办公会议汇报标准化工作进展情况、工作重点和难点及需要解决的问题，办公会议集体研究，提出指导意见，标准化工作始终沿着正确方向推进。“双月推进会”是指每两个月组织召开一次标准化工作，由局领导参加，干部职工全员参与，每次围绕一个主题，广泛研讨，深入交流；局主要领导带头上课，标准化专业机构现场解疑释惑，统一思想、提高认识，提升干部职工对标准化理论的理解和把握，有效掌握工作方法。“项目组例会”就是建立由办公室牵头、标准化科为主体、有关处室和社会化服务单位负责人组成的标准化工作项目组，定期召开工作会议，研究制定阶段性工作计划，明确重点要求，项目组同志分工协调推进相关处室和单位的标准化工作。

各地在标准化工作中都建立了相应的配套措施和技术手段，包括信息化平台和网站等，这些为标准的实施提供了技术支持和保障。

第三节　机关事务标准实施的环节和任务

一、标准宣传贯彻与实施计划

（一）标准的宣传贯彻

广泛知晓是有效实施标准的前提，标准宣传贯彻因而是标准实施的重点工作。《中华人民共和国标准化法》推行强制性标准的公开制度、其他标准的编号或备案制度、团体标准和企业标准的自我声明公开和监督制度等，显示出对标准宣传贯彻工作的高度重视。对机关事务标准的宣传贯彻而言，《机关事务标准化发展规划（2018—

2020年）》提出了具体要求："加大对机关事务标准体系和分项标准的宣传贯彻力度，重要标准发布后利用媒体、网络、会议等平台，开展多层次、多角度的宣传、培训、研讨和解读。推动机关事务标准免费向社会公开标准文本，通过法律法规引用、政策措施引导、检测认证推动等方式扩大标准实施应用范围和影响。"

各地在推进标准化过程中普遍重视标准宣传贯彻工作。《湖北省机关事务标准化建设行动方案（2017—2020年）》要求"加强机关事务标准化宣传，提高标准化意识与素养，营造适宜标准推广的良好氛围"。四川省在标准化试点项目中，探索形成"两化融合"等特色经验，构建起以门户网站和大数据管理平台为基础的"一站一平台""两网两体系""八大核心应用"等，为标准的宣传贯彻和标准化的推进建立了信息化支撑体系。常州市机关事务管理局出台的《机关事务标准化落地实施指导意见》强调，"要积极借助门户网站和微信公众号，企业内部有关宣传载体，组织开展多种形式宣传活动，提高一线员工的知晓度、参与率，提升标准执行率"。

（二）标准实施计划

标准实施前应制订工作计划或方案，内容包括实施标准的范围、方式、内容、步骤、负责人员、时间安排、应达到的要求和目标等。

通过对上述要素的系统考虑和统筹布局，标准实施计划能发挥引领、指导和鞭策作用，确保标准有效实施并取得期望的效果。与此同时，标准实施计划构成资源配置和其他准备工作的基础，也是标准实施评价的重要依据。

（三）标准实施的准备

首先是组织准备。建立相应的组织机构，统一组织标准实施工作。对重要标准或标准体系的实施，应建立由决策层领导者牵头、各有关单位负责人参加的领导机构和相应的工作机构；对单一的、较简单的标准的实施，至少应设专人或部门负责标准实施工作。

其次是人员和能力准备。实施标准涉及的关键岗位应配备具有相应资质和技能的工作人员，全面把握、熟悉标准要求，理解贯彻标准的意义，掌握标准的有关内容，了解标准实施的关键点和难点。对内容较复杂或技术含量较高的标准，应专门进行专业培训；如果确有需要，特定管理岗位应通过考核确认其达到要求后准予上岗。

再次是技术准备。实施标准所需要的技术条件应准备到位。实施一项新标准，当涉及技术的改进时，应进行相应的技术准备，必要时应进行技术攻关和技术改造。

最后是物资准备。应配备相应的设施设备、工具、资金及与实施标准相适应的环境条件，并做好相关条件的确认。贯彻标准所需的物质条件，应列入本单位的工作计划。

二、标准实施和过程管理

（一）标准实施

在明确标准实施主体和责任及其运行机制之后，标准实施就是按照实施计划全面展开工作的过程。标准实施中应把握以下几点：纳入标准体系的标准经发布后应严格执行；若出现对标准的理解差异或异议，由标准制定单位负责解释或委托有关部门解释；发现已发布、实施的标准中存在问题，应向上级部门反映，标准未经批准修改，仍按原标准执行；对实施过程中遇到的各种问题应采取有效措施加以解决，以保证标准各项要求的贯彻落实。

（二）标准实施过程管理

强化标准落地实施的全过程管理，就是要通过日查、月查、季查、半年检查和年度检查等形式，对标准化工作落地实施情况进行定期、不定期的检查，确保标准有效落地。标准实施的管理主体包括相关责任单位和上级部门，定期检查相应分为单位自查和上级检查。单位自查的频率一般比较高，上级检查频率相对低一些。多长时间进行检查或者检查具体时间点的选择，要综合考虑实施计划、重要时间节点、标志性事件等，实现过程管理有效性和精力成本最小化的平衡。

标准实施情况的系统信息记录是过程管理的重要任务之一，不仅为标准的有效实施提供信息保障，而且是标准验收、复审和动态调整的基础和重要依据。在国家层面要求建立强制性标准实施情况统计分析报告制度。国管局在每年两次汇总地方机关事务管理部门标准化工作情况时，专门设计《机关事务标准化工作情况统计表》对各地区已出台的标准实施情况进行统计。常州市机关事务管理局出台的《指导意见》专门针对标准实施环节提出了“痕迹化管理”的要求：严格按照标准落地实施痕迹化管理要求，确保实施过程有计划、实施要素有记录、工作全程有台账。

三、标准的实施评价与改进

（一）标准的实施评价

标准的实施评价是指标准实施一段时间后，按标准化工作目标及工作要求，对推动标准实施的各项工作以及实施效果和科学性等方面进行综合评估的过程。与标准实施过程管理中的定期检查不同，标准实施评价的覆盖面或内容具有系统性，更多关注标准实施的效果而非实施过程，一般由上级委托机构或第三方组织来进行。

关于标准评价的方法，对涉及面广、内容复杂的标准，可采用抽样的方式进行，所抽取的指标或事项应反映标准实施的总体情况；对于内容简单或较重要的标准，应采取逐项检查的方法。对具体事项可采取测量、过程再现或通过标准实施痕迹（包括各种记录、报告等）检查等方法实施评价。国管局、国家标准委对四川省机关事务标准化试点的验收评价，就是围绕国有资产、办公用房、公务用车等标准的掌握及实施情况进行随机抽查，采取综合评分法作出评估。

标准实施评价的主要内容包括两个方面：一是“符合性评价”。根据标准的各项规定，确认实施过程的各个环节是否达到标准要求。对于设施设备、环境条件、工作流程以及工作质量等方面具有定量指标的标准要求，应采用测量、试验等方法得出定量的数据；标准中的定性规定，可采用比较的方法进行衡量，并给出标准实施是否合格的结论。二是“实施效果评价”。应构建反映标准实施效果的指标体系、抽样方案和打分规则，通过验证、核实确定标准实施效果，并给出相应的结论性意见。

标准实施评价的结果是标准实施评价报告。评价报告一般应包括评价的依据、评价人员、评价时间、评价简要过程、各分项指标评价结果、总体结论、存在问题和处理建议等内容。评价报告应做到开门见山、言简意赅，避免“穿靴戴帽”、长篇大论；所有结论要有充分事实证据的支撑，避免玩文字游戏；相关数据要真实准确。

（二）标准的复审与调整

标准化是一个根据实践和环境需求不断改进完善的过程，标准的复审和调整因此成为标准实施的重要任务。《中华人民共和国标准化法》对标准复审做出了明确规定：根据标准实施统计分析、反馈和评估情况对制定的标准进行复审，复审周期一般不超过5年。经过复审，对不适应经济社会发展需要和技术进步的应当及时修订或者废止。

机关事务标准化推进时间不长，大规模且严格意义上的标准复审尚未提上议事日程。但是，根据实施情况评价信息和反馈进行标准的动态调整和完善，依然是标准实施的重要工作。

常州机关事务管理局出台的《指导意见》围绕标准实施评价与改进，明确了标准评价的方法和程序、评价方式、评价结果及应用，标准实施的改进验证、改进评审等，其目的是通过评价和改进，对标准合理性进行动态修改和完善，进一步提高标准质量。

第六章　机关事务标准实施监督

第一节　机关事务标准实施监督概述

一、标准实施监督的内涵与法律依据

（一）标准实施监督的内涵与意义

《中华人民共和国标准化法》规定，县级以上人民政府标准化行政主管部门和有关部门应依据法定职责，“对标准的制定进行指导和监督，对标准的实施进行监督检查”。由此可见，标准化中的监督管理覆盖标准制定和标准实施两大重要环节。标准制定环节的监督在本书第四章中已有讨论，本章聚焦标准实施过程中的监督，即标准实施监督。

标准实施监督是国家主管部门对相关主体履行职责、推进标准贯彻执行情况的督促、检查、处理等活动。标准实施的监督重点围绕标准宣传贯彻和实施计划、标准验收和效果评价、标准调整等环节展开，涉及监督的组织安排（主体及其权责）、运行机制和处置程序、监督的技术工具等多方面。

标准实施和标准实施监督的共同点在于：两者的目标都是保障标准的有效实施并取得期望效果；实施标准监督要紧密围绕标准实

施的各个环节展开;两者都会运用一些相似的履职手段如指导、检查和督促;两类活动的有效履行都依靠标准实施情况统计分析中的系统信息。从涉及的任务、管理体系和运行机制等方面看,标准实施和标准实施监督难以截然分开。标准实施和标准实施监督之间的区别在于:虽然两类活动中都涉及多元主体和多元角色,但标准实施中实施者唱主角,而监督过程中上级或上级委托的其他外部组织唱主角;由于存在上级的主导作用,标准实施监督包含争议协调机制,可以利用上级的权威处理一些跨部门的争议;出于同样的原因,标准实施监督中包含了投诉、举报处理机制,可以利用上级权威矫正不当行为并对责任者进行问责和处分。

标准实施监督是主管部门推进标准化工作的重要手段,有效的监督不仅能促进标准的贯彻落实,而且通过效果评价审视标准的先进性和合理性,为标准体系的进一步完善提供动力和依据。

(二)标准实施监督的法律依据

我国在国家层面长期重视标准实施监督工作。新修订的《中华人民共和国标准化法》在标准实施监督方面有三点变化:第一,专门增加了标准化工作的监督管理一章,明确了监督的主体、职责、措施和相应的法律责任。第二,将监督的覆盖范围从先前的标准实施环节扩展到标准制定环节,进一步提升了监督在标准化工作中的地位。第三,规定建立"强制性标准实施情况统计分析报告制度",从而为标准实施监督管理提供了依据和信息技术保障。

除明确责任主体外,《中华人民共和国标准化法》对标准实施监督的规范主要包括以下方面:

1. 标准争议解决机制。国务院有关行政主管部门在标准制定、实施过程中出现争议的,由国务院标准化行政主管部门组织协商;协商不成的，由国务院标准化协调机制解决。

2. 标准编号或备案履职情况监督。国务院有关行政主管部门、设区的市以上地方人民政府标准化行政主管部门未按规定对标准进行编号或备案的，国务院标准化行政主管部门应当要求其说明情况，并限期改正。未依照规定改正的，由国务院标准化行政主管部门撤销相关标准编号或者公告废止未备案标准；对负有责任的领导人员和直接责任人员依法给予处分。

3. 标准复审履职情况监督。国务院有关行政主管部门、设区的市以上地方人民政府标准化行政主管部门未依照规定对其制定的标准进行复审，又未依照相关规定改正的，对负有责任的领导人员和直接责任人员依法给予处分。

4. 投诉、举报及其受理。任何单位或者个人有权向标准化行政主管部门、有关行政主管部门举报、投诉违反本法规定的行为。标准化行政主管部门、有关行政主管部门应当向社会公开受理举报、投诉的电话、信箱或者电子邮件地址，并安排人员受理举报、投诉。对实名举报人或者投诉人，受理举报、投诉的行政主管部门应当告知处理结果，为举报人保密，并按照国家有关规定对举报人给予奖励。

二、机关事务标准实施监督的要求与原则

（一）机关事务标准实施监督的要求

《机关事务标准化发展规划（2018—2020年）》对构建机关事务标准监督评估体系提出明确要求：建立强制性标准和推荐性标准分类监督机制。加强强制性标准实施监督，明确监管部门及责任，提高行政监管的透明度。监督检查重要标准实施情况，开展标准实施效果

评价。鼓励行业组织、标准化技术组织、科研机构、高等院校等第三方建立多种形式的标准实施效果监测体系，开展标准监测与实施反馈，对不适宜的标准及时修订、废止。

国管局、国家标准委印发的《关于加快推进机关事务标准化工作的通知》提出：建立完善标准监督评估体系。建立严格规范的机关事务标准监督评估机制，对重要标准实施情况进行监督检查，逐级开展标准化工作实施情况检查评估。委托行业组织、标准化科研机构、高等院校等第三方开展标准监测与实施评估，对不适宜的标准及时修订、废止。

（二）机关事务标准实施监督应遵循的原则

1. 经济性原则

机关事务工作是机关内部的保障和服务活动，相关支出主要来自公共财政。所以，机关事务标准化首先要牢固树立成本意识和节约意识。对标准实施监督而言，经济性原则要求是科学安排监督检查的频率、时间节点、范围和监督检查的人员规模，避免不必要的检查、多头检查和重复检查，在保证实效的前提下，尽量减少监督检查涉及的经费开支和人力资源耗费。同时，体现“放、管、服”理念，减少对标准实施单位特别是基层工作者带来不必要负担。

2. 结果导向原则

机关事务标准的实施涉及领导机制、运行机制、管理机制、实施过程和实际效果多个方面。结果导向意味着标准实施监督评价应聚焦标准落地情况及其实际效果，不应过多关注投入和产出，如领导专门就此讲了多少次话、建立了哪些相关机构、配置了多少人力和其他资源、出台多少相关文件和手册、字数多少万、汇报了多少次等。

3. 科学究责原则

结果导向原则强调监督评价应聚焦标准落地及其效果，标准未能落实到位或者落实到位但实际效果没有达到期望，可能是多种因素导致的，包括标准本身不合理、实施机制存在问题、资源缺口、环境和需求变化等。科学究责原则强调明确责任归属，不可不分青红皂白、张冠李戴。例如，因为资源缺口导致标准实施不到位，或者完全按照计划做到标准落地但实际效果不佳，那主要是标准不合理和上级管理中的问题，标准实施者不应承担责任。

4. 正面激励为主的原则

在多数地方将标准化工作纳入年度考核指标的情况下，标准实施监督评价结果必然对相关人员产生影响。正面激励为主的原则要求，在标准实施监督体系尚处于探索完善过程的情况下，评价结果的应用应着眼于正面鼓励，帮助实施者诊断问题并提升能力。

第二节 机关事务标准化实施监督进展状况

一、机关事务标准化实施监督相关制度建设

国管局、国家标准委为推进机关事务标准化，出台了《机关事务标准化发展规划(2018—2020 年)》《关于加快推进机关事务标准化工作的通知》等一系列文件，绝大多数省、自治区、直辖市也陆续出台了机关事务标准化的规划和推进方案、行动方案、工作指南等文件。不过，绝大多数文件覆盖标准的制定、实施、监督、调整等标准化各个环节，尚未针对标准实施监督出台专门规范。纵览国管局、国家标准委和各省、自治区、直辖市出台的文件可以得出一个结论，标准实施监

督相关制度建设处于起步阶段，有笼统的原则要求和目标但尚未形成总体框架和制度细节。吉林省机关事务管理局制定的《机关事务标准实施监督与评价规范》规定了吉林省机关事务标准实施监督与评价工作的术语与定义、综合管理、监督管理、评价管理、申诉与投诉管理以及复核管理，专门针对标准实施监督制定的系统规范和操作指南，是标准实施监督制度建设的有益探索和发展的一个里程碑。常州市机关事务管理局出台的《机关事务标准化落地实施的指导意见》提到“标准实施监督检查办法”，明确其主要内容包括“监督检查的工作机构和职责、监督检查的主要内容、监督检查的方式方法、监督检查的结果应用等内容，目的是通过持续不断的监督检查，促进标准有效落地实施”，构建了一个标准实施监督的总体框架。

二、机关事务标准化实施监督的主体及其工作机制

（一）机关事务标准化实施监督的多元主体

对通常意义上的标准化工作而言，实施监督包括企业（社会团体）自我监督、社会监督、国家监督、行业监督等形式，四种形式相互补充、相辅相成。不同形式的实施监督中不同的主体唱主角，不同主体的工作体系和运行机制各不相同。

机关事务标准实施中的监督也需要多元主体，群策群力才能保证监督有效。以公务用车管理为例，各地普遍实行了公务用车标识管理并设立举报平台，目的就是依靠公众和社会力量强化管理，对超标准使用公务用车现象进行矫正和惩处。此外，各级纪检部门在公务用车使用方面发挥了强有力的监督作用，频繁通报公车私用、长期借用其他单位车辆、私车公养（比如使用公务加油卡为私家车加油）

等现象,并对当事人予以严肃处理。不论是公众举报还是纪委查处,其依据都是出台的公务用车使用管理标准或技术规范。从这一点看,他们都是标准实施监督的主体和重要力量。

不过,考虑到机关事务标准化是在机关事务系统内部推行,绝大多数标准由自己制定并实施,加上内部人员具有熟悉业务和获取信息便利等优势,机关事务标准化实施监督的主导力量还是上级部门或他们委托的第三方。

(二)机关事务标准化实施监督的工作运行体系

同标准实施一样,高效有序的标准化实施监督工作运行体系包括两个方面:一是标准实施监督的主体及其责任,二是标准实施监督的运行和管理机制。

就标准实施监督相关主体及其责任而言,目前进展和标准实施相类似:全国各省、自治区、直辖市普遍建立了推进标准化的工作体系,覆盖了标准制定、实施、监督、调整多个环节,极少专门针对标准实施监督建立工作体系。标准实施监督的运行和管理机制建设也处于类似状况。

需要强调的是,强化标准化推进工作并不要求叠床架屋,围绕各个环节建立相应的工作运行体系,导致机构林立、职责交叉重叠、管理机制多样化,结果是运行无序和混乱。未来改进的方向应该是构建一个强有力的标准化推进工作运行体系统揽各个环节,及时根据进展状况和实际需要转移工作重点。

三、标准实施监督的主要方式

吉林省机关事务管理局制定的《机关事务标准实施监督与评价

规范》将监督分为自我监督和外部监督两种主要方式，并对监督主体、内容、方法、程序等做出了相应规定。

（一）自我监督

自我监督是标准实施主体针对各自标准体系的实施情况定期进行的监督检查活动。自我监督的频率应符合相关要求。自我监督应形成书面记录，为外部监督和以后的实施评价提供证据、信息和数据。

自我监督和评价内容应结合各部门工作需要，针对实施评价基础管理、标准实施与改进及标准实施效果等类别进行。自我监督应采取全面监督的形式，不宜采取抽样调查的形式。

标准实施的自我监督主要包括但不限于以下程序：成立部门自我监督评价小组；组织制定标准实施自我监督方案，确定监督对象、时间、方法等内容；通知监督对象；进行监督；记录监督结果等。

（二）外部监督

外部监督是机关事务标准监督和评价小组对各部门标准的实施情况所进行的定期监督检查。这一监督可分为综合监督及专项监督。

外部监督应依据标准实施计划，对标准实施主体部门的组织领导体系、工作程序和运行机制、标准落地情况和标准实施效果等进行系统审视和处理。外部监督宜采用但不限于以下方式：抽样调查；普遍调查；实地实物考察；专家调查；资料调查等。

外部监督主要包括但不限于以下程序：成立标准实施监督和评价小组；小组成员组织学习监督对象标准体系；组织制定各标准体系监督时间、方法等内容；通知监督对象；进行监督；分析监督结果，形成监督工作报告等。

（三）监督要求

监督主体应明确监督检查的方式和程序，细化工作权限，明确监督检查重点、岗位职责、结果处理、处理期限等内容，严格按照各部门的标准进行调查，不得缺项漏项。

监督应以书面形式形成记录，完成监督后进行专项分析和综合分析，起草监督工作报告。

第三节　机关事务标准实施情况评价

标准实施情况评价是标准实施和实施监督两大环节的共同任务，评价信息和结果也是标准调整完善和问责奖惩的重要依据。标准评价包括评价管理规范和评价内容及指标体系。

一、标准评价管理

（一）评价过程管理

标准评价应在标准实施满 1 年后进行，原则上每 2 年开展 1 次。标准评价应采用“外部监督”的方式进行。当评价资料难以全面、客观反映所评价的标准实施情况时，应进行补充调查。

标准评价的档次可以划分为优、良、中、差四个等级。

(1) 优等的衡量指标：标准实施基础管理好，标准化组织机构完整，标准实施运行机制成熟，标准子体系建设好，标准衍生物配备齐全，标准化信息管理完整，标准的宣传贯彻培训及时、效果好，执行标准状况好，员工运用标准状况好，自我监督评价和持续改进常态化，有成熟经验和模式可供推广。

(2) 良等的衡量指标:标准实施基础管理较好,标准化组织机构完整,标准实施运行机制比较成熟,标准子体系建设较好,标准衍生物配备较为齐全,标准化信息管理比较完整,标准的宣传贯彻培训及时、效果较好,执行标准状况较好、员工运用标准状况较好,仍有个别标准未落地实施,自我监督评价和持续改进常态化,有成熟经验和模式可供推广。

(3) 中等的衡量指标:标准实施基础管理一般,标准化组织机构较为完整,标准实施运行机制不成熟,标准子体系建设一般,标准衍生物未配备齐全,标准化信息管理零散,标准的宣传贯彻培训不及时,执行标准状况一般,员工运用标准状况一般,仍有大部分标准未落地实施,自我监督评价和持续改进不经常。

(4) 差等的衡量指标:标准实施基础管理不好,标准化组织机构不完整,未建立标准实施运行机制,标准子体系建设不好,未配备相关标准衍生物,未对标准化信息进行管理或管理较为零散,标准的宣传贯彻及培训不及时,执行标准状况不好、员工运用标准状况不好,大部分标准未落地实施,未开展或少次开展自我监督评价和持续改进。

对评价结果有争议时,应组织专题论证,深入分析后再确定其等级。

评价过程完成后,应形成评价报告。评价报告应包含但不限于以下内容:评价的时间、方式;评价内容;评价结论;提出的意见和建议;是否符合强制性条款;是否对标准中有关的特定要求(如质量、安全、环保等)落实到关键点并有相应措施予以保障;是否具有按标准要求记录和保存贯彻实施的证据,包括各种记录和工作文件。

评价工作完成后应及时通报评价结果,并给予部分优秀部门以奖励,以督促所有监督评价对象根据评价报告进行标准实施的改进工作。

（二）申诉与投诉管理

申诉与投诉内容包括但不限于以下内容:对监督评价小组成员组成和行为有意见;对监督评价工作过程有异议;对监督评价工作结果有异议。

申诉与投诉的处理结果包括:建立受理、确认和调查申诉与投诉的处理流程;及时对申诉/投诉人提出的意见组织开展调查和复核;对申诉与投诉意见处理情况应书面通知申诉/投诉人。

二、标准实施的评价内容和指标体系

（一）内容结构

标准实施的评价内容应包括共性指标和个性指标。其中,共性指标包括但不限于以下内容:标准实施基础管理、标准实施与改进、标准实施效果。（见图 6.1）

标准实施基础管理主要评价组织管理、运行机制、标准子体系建设等内容。其中,标准子体系建设包括标准科学性、管理制度要求、标准衍生物配备状况以及标准化信息管理等相关内容。

标准实施与改进主要评价宣传贯彻活动情况、执行标准状况、自我监督评价和持续改进情况。其中,执行标准状况应结合不同标准子体系内容实行标准实施的个性化监督和评价。

标准实施效果主要评价服务对象满意度提升、管理服务效能提升和社会影响力提升三方面,涵盖经济效果、社会效果、环境效果。

个性指标主要指各部门实施（执行）标准状况。（见图 6.2）

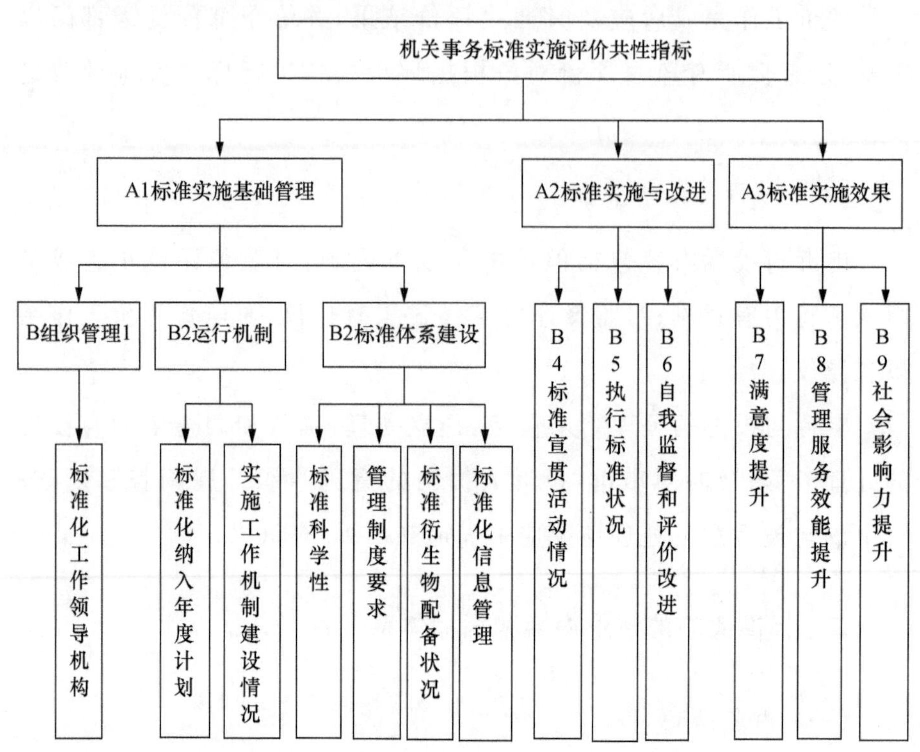

图 6.1　机关事务标准实施评价共性指标

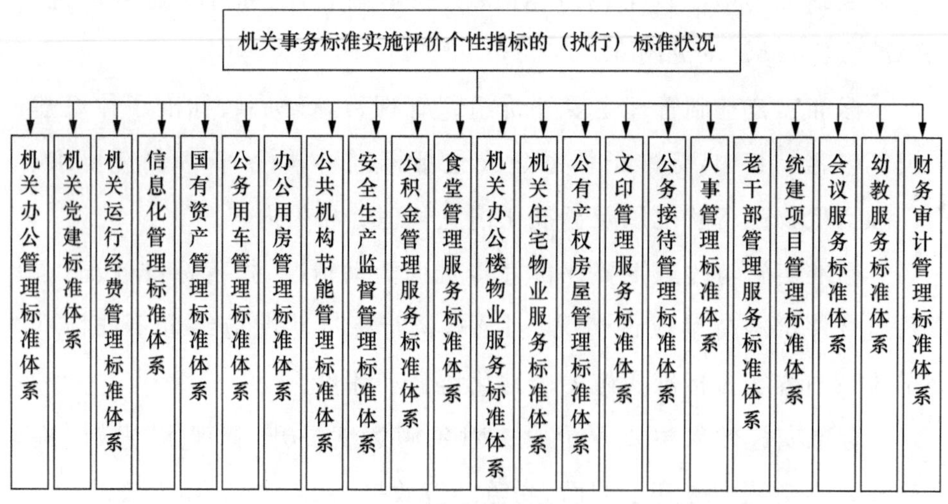

图 6.2　机关事务标准实施评价个性指标的（执行）标准状况

（二）指标体系范例

对应于标准实施的评价内容，标准实施评价的指标体系同样包括共性指标和个性指标。指标体系应根据标准内容细化评价指标，赋予权重和分值，按计算分值确定等级；满分为100分，其中，共性指标20分，个性指标80分。按照标准评价的档次可以划分为优、良、中、差四个等级，各标准子体系的评价标准分别为：总分≥90分，即为优等；80分≤总分<90分，即为良等；60分≤总分<80分，即为中等；总分<60分，即为差等。

共性指标的具体内容见表6.1。个性指标包括但不限于以下内容：(1) 机关办公管理标准体系实施监督评价个性指标；(2) 机关党建管理标准体系实施监督评价个性指标；(3) 机关运行经费管理标准体系实施监督评价个性指标；(4) 信息化管理标准体系实施监督评价个性指标；(5) 国有资产管理标准体系实施监督评价个性指标；(6) 公务用车管理标准体系实施监督评价个性指标；(7) 办公用房管理标准体系实施监督评价个性指标；(8) 公共机构节能管理标准体系实施监督评价个性指标；(9) 安全监督管理标准体系实施监督评价个性指标；(10) 公积金管理服务标准体系实施监督评价个性指标；(11) 机关食堂管理服务标准体系实施监督评价个性指标；(12) 办公楼物业服务标准体系实施监督评价个性指标；(13) 机关住宅物业服务标准体系实施监督评价个性指标；(14) 机关公有产权房屋维修管理标准体系实施监督评价个性指标；(15) 文印管理服务标准体系实施监督评价个性指标；(16) 公务接待管理标准体系实施监督评价个性指标；(17) 人事管理标准体系实施监督评价个性指标；(18) 老干部管理服务标准体系实施监督评价个性指标；(19) 统建项目管理标准体系实施监督评价个性指标;(20)会议服务标准体系实施监督评价个性指标;(21)幼教服务标准体系实施监督评价个性指标;(22)财务审计管理标准体系实施监督评价个性指标等。

指标体系的表格结构包括一级指标(A类)、二级指标(B类)、评价内容和评价依据。因本书篇幅所限,这里仅列举两例:表6.2为公务用车管理标准体系实施监督评价个性指标,表6.3为办公用房管理标准体系实施监督评价个性指标。

表6.1 机关事务标准实施监督评价共性指标

一级指标	二级指标	评价内容	评价依据
A1 标准实施基础管理(5分)	B1 组织管理(0.5分)	明确了标准化领导机构及职责。(0.5分)	落实材料
	B2 运行机制(1.5分)	将标准化工作纳入本单位(处室)年度计划,促进标准化与业务工作相结合。(0.5分)	相关文件
		制定了较为完善的标准体系实施办法,建立宣传贯彻培训、实施、监督检查以及标准化考核奖惩、持续改进等工作机制,并能长期有效运行。(1分)	相关文件
	B3 标准体系建设(3分)	标准子体系框架、标准明细表、标准汇总表及编制说明齐全,有配套的岗位手册,并人手配备。有与标准实施相关的指南、手册、软件、图集等标准衍生物的制作。(2分)	相关文件
		对标准化管理工作全流程环节的信息及时留存并归档。(1分)	工作档案

（续表）

一级指标	二级指标	评价内容	评价依据
A2 标准实施与改进(5分)	B4 标准宣传贯彻培训活动(3分)	至少召开1次单位(处室)的标准宣传贯彻动员或培训会,动员或培训工作有图片影像和签到记录,有文字材料留存,有对培训效果的考核。(1分)	相关资料、图片
		通过宣传栏、宣传册以及现代信息技术等手段,营造内部学习和实施标准的环境氛围。(1分)	相关材料
		及时发布标准化建设最新进展,宣传信息报送并被采用超过3条。(1分)	文字材料
	B5 标准执行状况	采取切实可行措施,实施方法有创新的,推动标准体系中各环节标准有效实施。(具体在个性指标中评分)	具体见个性指标
		各岗位人员能够掌握并执行本岗位标准知识。(具体在个性指标中评分)	
		对标准实施过程中应该形成的记录有留痕并完整存档。(具体在个性指标中评分)	
	B6 自我监督和评价改进(2分)	制定了标准实施检查工作计划(或日常检查程序),定期组织监督抽查,对标准实施的符合性和实施效果进行评价,实施检查记录和问题处理记录完整,有监督检查报告。(1分)	相关材料
		针对标准实施检查发现的问题实施了持续改进,有持续改进的记录,及时提出并修订标准体系中的标准,有修订痕迹。(1分)	相关材料

（续表）

<table>
<tr><th>一级指标</th><th>二级指标</th><th>评价内容</th><th>评价依据</th></tr>
<tr><td rowspan="6">A3 标准实施效果（10 分）</td><td rowspan="2">B7 满意度提升（2 分）</td><td>组织制定符合自身服务特点的满意度调查表，持续监测满意度，或邀请第三方机构测评满意度，根据满意度测评结果，及时分析原因和制定整改措施，满意度持续提升（1 分）；未做满意度测评的，不得分。</td><td>相关表格、材料</td></tr>
<tr><td>建立意见、建议、投诉情况记录，并及时处理，服务对象投诉持续减少或无投诉（1 分）；未建立投诉意见记录并处理的，不得分。</td><td>相关表格、材料</td></tr>
<tr><td rowspan="3">B8 管理服务效能提升（6 分）</td><td>有证据表明在实施过程能够有效结合现代信息技术手段，全部工作介入科技手段开展实施的或者部分工作介入科技手段开展实施的，最高不超过 2 分；未介入科技手段开展实施的，不得分。</td><td rowspan="4">相关证据材料</td></tr>
<tr><td>有证据表明标准化建设后，优化服务流程，减少办事环节，提高办事效率的，最高不超过 2 分。</td></tr>
<tr><td>有证据表明标准化建设后，有利于能源资源节约，有利于能源资源合理利用，减少资源浪费，降低公共资源交易成本的，最高不超过 2 分。</td></tr>
<tr><td>B9 社会影响力提升（2 分）</td><td>有证据表明相关经验或模式在全局推广的，或者在全省推广、社会影响力得到提升的，最高不超过 2 分。</td></tr>
</table>

表 6.2 公务用车管理标准体系实施监督评价个性指标

一级指标	二级指标	评价内容	评价依据
A1 公务用车管理工作(10 分)	B1 公务用车管理工作(10 分)	按照公务用车管理工作指南规定的管理任务、管理原则和管理体制对公务用车进行标准化管理。(10 分)	相关台账、图片文字资料
A2 公务用车编制管理(10 分)	B2 公务用车编制管理(10 分)	按照公务用车编制管理标准的规定严格核定省直机关公务用车编制。(5 分)	相关台账、文件
		按照公务用车编制管理标准的规定严格核定市、县、乡机关公务用车编制。(5 分)	
A3 公务用车配备(15 分)	B3 公务用车配置(5 分)	按照配备标准配备机要通信车、应急保障用车、执法执勤用车、特种专业技术用车和新能源车型。(3 分)	相关台账
		按照标准严格执行配备价格、配备范围和更新标准。(2 分)	
	B4 公务用车配备(更新)工作(5 分)	按照公务用车配备(更新)工作规范做好国产汽车、新能源汽车、超标准配车和越野车辆类型配备工作。(3 分)	相关台账,注册登记手续等图片文字资料
		按照公务用车配备(更新)工作规范做好公务用车购置、注册登记和确权工作。(2 分)	
	B5 公务用车采购(5 分)	按照采购规范做好申报采购、采购执行和项目验收工作。(5 分)	相关采购验收手续
A4 公务用车经费管理(10 分)	B6 公务用车经费管理(5 分)	按照公务用车管理规范科学编制公务用车配备(更新计划)。(2 分)	相关计划、经费账目
		财务部门和公务用车主管部门统筹合理安排购置经费和运行经费。(3 分)	
	B7 公务交通补贴及统筹(5 分)	按照公务交通补贴及统筹标准原则确定公务交通补贴标准,按照已约定标准严格执行。(3 分)	相关账目、文字资料
		按照统筹标准公开透明使用统筹资金,并报同级公务用车制度改革领导小组办公室批准。(2 分)	

（续表）

一级指标	二级指标	评价内容	评价依据
A5 公务用车使用管理(20 分)	B8 公务用车使用管理(15 分)	按照公车使用管理要求严禁发生公车私用和违规领取交通补贴现象。(5 分)	相关台账和信息化平台等其中的图片和文字资料
		按照公车使用管理指南要求加强公车平台、标识化、台账和信息化管理。(5 分)	
		按照公车使用管理指南要求做好应急保障用车和租赁车辆工作。(5 分)	
	B9 公务用车标识化管理(5 分)	按照公务用车标识化管理规范机关事业单位公务用车标识喷涂和监督工作。(5 分)	相关图片和文字资料，现场勘查
A6 公务用车处置管理(5 分)	B10 公务用车处置管理(5 分)	按照公务用车处置原则、处置方式、处置要求和处置做好公务用车处置工作。(3 分)	车辆处置相关图片、文字资料
		按照公务用车拍卖处置要求拍卖公务用车。(2 分)	
A7 公务用车信息化管理(5 分)	B11 公务用车信息化管理(5 分)	按照公务用车信息化管理规范要求实现省、市、县三级信息互联互通，达到“全省一张网”。(3 分)	现场查看网站建设情况
		按照公务用车信息化管理规范要求实现业务管理、调度使用、运行监管、统计分析和外联服务工作信息化管理。(2 分)	
A8 公务用车监督管理(5 分)	B12 公务用车监督问责(5 分)	按照公务用车监督问责规范要求做好公务用车配备更新和使用情况统计报告，并按要求逐级上报。(2 分)	相关报告等文字资料
		公务用车主管部门、财政部门、审计部门、公安交通管理部门和纪检监察机关要根据规范赋予的监督职责，做好监督工作。(2 分)	
		按照公务用车监督问责规范要求做好追责工作。(1 分)	

表 6.3 办公用房管理标准体系实施监督评价个性指标

一级指标	二级指标	评价内容	评价依据
A1 权属管理（30分）	B1 权属登记管理（9分）	初始登记与权属变更的书面申请、登记表等相关手续资料齐全，有档可查。（3分）	相关文件资料
		使用单位提供的资料齐全，符合房地产管理部门的要求，手续办理依法合规（3分）	
		权属变更涉及的资产变更程序规范。（3分）	
	B2 清查盘点工作（7分）	定期组织清查盘点，确保总台账信息与分台账信息账账相符，与办公用房实际状况账实相符，与权属证书信息账证相符。（4分）	资产台账
		资产总台账和资产分台账内容齐全、准确。（3分）	
	B3 信息系统建设与统计报告工作（12分）	建立办公用房信息系统，实现“专人专网专机”管理。（3分）	查看信息系统运行情况，查阅统计报表
		系统内容齐全，涵盖单位基本情况、人员情况、办公用房资产情况、房间使用情况及其他必要信息。信息不全不得分。（5分）	
		办公用房管理信息系统应用良好，定期维护确保正常使用。（2分）	
		全年至少1次统计汇总本级党政机关办公用房管理情况，报上级机关事务管理部门。（2分）	
	B4 档案管理工作（2分）	权属、建设、维修等档案管理完整齐全，档案收集、保存、利用及时。（2分）	档案等相关文件资料

（续表）

一级指标	二级指标	评价内容	评价依据
A2 配置管理（12分）	B5 配置管理工作（12分）	按照办公用房配置原则开展工作，符合配置顺序和“配新交旧”的要求。（4分）	相关文件资料
		调剂、置换、租用、建设等工作应符合条件、面积、用途等要求，并严格履行审批程序。（4分）	
		办公用房配置资金管理规范。（4分）	
A3 使用管理（10分）	B6 使用管理工作（10分）	建立办公用房分配使用凭证制度，与使用单位签订办公用房使用协议，核发办公用房分配使用凭证。（5分）	相关文件资料
		监督使用单位按照办公用房使用要求正确执行。（5分）	
A4 处置管理（8分）	B7 处置管理工作（8分）	能够根据办公用房现状，采用调剂使用、转换用途、置换、出租、拍卖、拆除及其他合理方式进行处置利用管理。（4分）	相关文件资料
		办公用房处置利用严格履行审批程序，办理相关手续。（4分）	
A5 维修管理（8分）	B8 维修审批（8分）	能够严格履行审批程序，结合办公用房建筑年代、安全鉴定情况、历史维修记录、老化损坏程度、单位建筑面积能耗水平和使用单位的实际需求，统筹安排办公用房大中修项目。（4分）	相关文件资料
		项目申报与论证、项目审核、资金管理环节能够按照标准执行。（4分）	
A6 监督管理（12分）	B9 巡查考核管理（4分）	对本级党政机关（含所属垂直管理机构、派出机构）开展巡查考核工作，巡检内容全面。（4分）	相关文件资料
	B10 信息公开（4分）	每年定期在政府或门户网站等公共平台公开上一年度办公用房管理内容。内容包括建设、使用维修、处置、运行费用支出及其他应该公开的事项。（4分）	网站信息
	B11 责任追究（4分）	管理部门和使用单位有违规情形的，考评直接列为不合格，并依照《党政机关办公用房管理办法》追究相关人员责任。（4）	发现的违规情况

第七章　机关运行经费管理标准

第一节　机关运行成本统计标准

一、机关运行成本统计标准概况

（一）制定背景和意义

我国目前正处于结构调整和转型升级的关键阶段，经济运行存在一定的下行压力。党中央、国务院要求各级政府过“紧日子”，严格控制和压减一般性支出，从严安排“三公”经费预算，加大对重点领域和关键环节的保障力度，精准聚焦增强国家经济社会发展大局的支撑能力。机关运行成本属于政府自身运行支出，实现政府过“紧日子”，其中关键前提就是应当全面掌握政府自身运行支出状况，进而有针对性地找到降低成本、提高运行质量和效能的有力举措。因此，建立健全机关运行成本统计标准的基础性作用、长远性意义十分重要。

（二）机关运行成本统计标准概述

1. 基本概念

机关运行成本是指维持机关正常运转所发生的各种费用和开支，是直接或间接用于产出所消耗的资源价值的总和。机关运行成本统计标准是在机关运行成本统计工作中需要统一的统计项目、口径范围、工作流程等规范的总称。机关运行成本标准化是将标准化的理念、原则、方法运用到机关运行成本的管理和服务中，通过制定机关运行成本统计标准并付诸实施，达到质量目标化、方法规范化、过程程序化、管理精细化，从而获得最佳效益的过程。

2. 适用范围

机关运行成本统计标准适用于开展机关运行成本统计的各级各类组织。机关运行成本统计范围包括中央国家机关各部门本级和各省（自治区、直辖市）、新疆生产建设兵团政府所属行政单位、参照公务员法管理的单位本级及其附属的机关后勤服务事业单位。

3. 主要内容

机关运行成本统计标准是结合机关运行成本统计内容确定的。统计内容包括单位基本信息、统计年度机关运行经费支出、向社会购买机关运行服务支出以及固定资产、办公用房、公务用车等情况。具体包括财政拨款总额、机关运行成本总额、机关运行成本功能分类科目支出（行政运行、事业运行、一般行政管理事务、机关服务、离退休人员管理机构等科目中除人员经费之外的支出）、机关运行成本经济分类科目支出[前述功能分类科目对应的办公费、劳务费、水电费、取暖费、物业管理费、印刷费、邮寄费、电话通信费、交通费、差旅费、维修费、租赁费、会议费、培训费、因公出国（境）费、办公设备购置费、房屋构建费、专用设备购置费、交通工具购置费等、向社会购买机关运行服务支出以及固定资产、办公用房、公务用车占有使用等情况]。

二、机关运行成本统计标准化现状

(一) 已出台标准的情况

目前,机关运行成本统计暂未出台相应标准。2013 年,依据《机关事务管理条例》,国管局面向中央国家机关各部门开展了机关运行成本调查统计,汇总分析了 91 个部门机关运行成本数据情况。此后国管局逐年开展统计,形成了定期统计工作机制。2016 年,国管局会同国家统计局正式建立了机关运行成本调查统计报表制度。

2016 年开始,国管局正式在中央国家机关本级,31 个省、自治区、直辖市政府和新疆生产建设兵团直属部门本级,以及上述部门所属服务事业单位开展机关运行成本的调查统计工作,调查统计工作每年开展一次。

机关运行成本调查统计工作实行统一管理、分级负责、逐级统计。纳入统计范围内的各级政府机关事务管理部门负责组织实施本地区所属政府机关运行成本调查统计工作。国管局负责组织实施全国机关运行成本调查统计工作,内容包括:制定调查统计实施方案、组织落实统计工作、发放统计软件和报表、开展统计培训、组织交流统计工作经验、审核汇总统计数据、编制并上报统计工作报告等。各地区、各部门在规定时间上报统计报表和分析报告,最终由国管局负责汇总审核并形成年度机关运行成本统计数据和分析报告。

各地区、各部门高度重视此项工作,配备专业力量,开展专题培训,认真抓好落实,确保工作取得预期效果。通过每年的机关运行成本统计工作,各地区、各部门摸清了自身运行成本总量、规模和结构,把握了成本增减变化的主要规律,明确了管控目标和主要内容,增强了成本和节约意识，推进了成本的降低，提升了机关运行效能。

（二）存在的问题

当前，机关运行成本标准化工作仍然存在以下问题：

一是当前的机关运行成本统计制度仍以收付实现制为基础，仅是从支出层面反映机关运行支出的情况，机关运行成本反映不够全面。如固定资产不计提折旧，全部在购置当年计入支出，导致购置当年的机关运行成本比实际偏大，而以后年度的运行成本又比实际偏低等问题。

二是当前的机关运行经费并没有专门的会计核算科目和核算体系，而是分散在不同的会计科目之中，6 大类约 70 多个款级科目涉及机关运行经费，同一科目或项目下既核算机关运行经费，也核算其他经费，给统计工作带来较大困难。

三是标准宣传贯彻力度不够，标准推广实施需要加强。“重建设、轻实施”现象突出，缺少行业监督评价机制和专业指导。

四是统计结果的应用范围受限。机关运行成本统计工作意在形成各地区、各部门机关运行保障绩效水平评价机制，但因政府绩效评价工作尚处于初期阶段，政府产出数据尤其是量化数据的获取较为困难，很难将运行成本与产出相对应并进行内在关联分析，现有数据只能做简单的横向、纵向比较和结构分析，对合理评价政府绩效所能发挥的作用和功能有待进一步发掘。

三、机关运行成本统计标准化的发展方向

（一）构建机关运行成本核算标准体系

构建机关运行成本核算标准体系可以从以下方面展开：一是厘

清会计核算科目。借助政府会计制度改革契机，提出会计科目优化设计思路，将机关运行成本的核算嵌入新会计制度框架中，将原来分散于各科目的机关运行成本归集到同一科目下进行统一标准核算，合理界定核算范围，确定核算方法，推动机关运行成本核算制度建立，逐步以会计核算数据替代统计数据，提高数据质量，降低数据采集难度。二是研究建立标准体系。选取适合通过标准来规范固化的项目，研究制定相应的标准，并逐步建立、完善标准体系。

（二）优化工作机制

优化工作机制可以从以下方面展开：一是建立统计会审和评价机制。分级分片区组织开展机关运行成本统计数据会审，集中审核、校对统计数据。综合工作开展、数据质量、分析报告等情况，对各地区、各部门统计工作进行分析评价并通报评价结果。二是推动多部门联合开展工作。协调财政部、国家统计局共同开展机关运行成本统计工作，形成国管局牵头、三部门联合、上下联动的统计格局。三是开发机关运行成本统计软件。明确统计格式、要素和要求，发挥软件的数据甄别功能，提高统计效率和质量。

（三）启动试点工作

根据以往统计情况和会计制度的修订情况，选择部分中央和地方部门开展机关运行成本统计标准化改革试点工作，验证机关运行成本核算的可行性，进一步提高统计和管理工作标准化水平。

第二节　会议经费管理标准

一、会议费管理标准概况

（一）标准制定的背景

长期以来，党中央、国务院在部署和推进厉行节约工作中，坚持将转变会风、精简会议、降低会议成本作为一项重要任务来抓。但近年来，党政机关文山会海、奢侈办会等不良风气有所抬头。比如会议审批制度执行不严，召开会议的随意性较大，未经批准和计划外召开会议的现象时有发生。同时，由于对会议费开支缺乏有效监控，出现了以会议名义套取现金、向下级单位转嫁会议费负担等违规、违纪问题，这不仅造成财政资金的浪费，助长了形式主义、享乐主义和奢靡之风，也反映了制度本身存在一定漏洞，亟须进一步完善制度标准设计。

2012 年年底，中央政治局审议通过了《关于改进工作作风、密切联系群众的八项规定》，进一步提出精简会议活动、切实改进会风的要求。2013 年，习近平总书记等中央领导同志多次对加强厉行节约、反对浪费制度建设作出重要批示，要求抓住制度建设这个重点，努力建立健全立体式、全方位的制度标准体系。中央有关部门牵头开展了推进厉行节约、反对浪费制度建设工作，明确提出要抓紧推进以制定和完善公务支出、公款消费等方面法规制度为重点的制度建设，研究制定会议费管理办法是其中的一项重要内容。财政部会同国管局和中直管理局对现行会议费管理制度进行了全面梳理，深入调查研究、广泛听取意见，在此基础上，按照规范会议活动、合理调整开支标准、强化管理措施、加强监督问责的原则制定了《中央和国家机关会议费管理办法》(以下简称《会议费管理办法》),规定了会议费支出综合定额标准,为改进会风、规范和加强会议费管理提供重要的制度保障。

(二) 会议费管理标准的基本概念、范围和内容

1. 基本概念

会议费管理标准是为加强和细化会议费管理而制定的参会人数、费用定额及管理流程等规范的总称。

2. 适用范围

会议费管理标准在适用范围上与《会议费管理办法》相同,实现了全覆盖。具体表现在以下两个方面:一是实现了对适用对象的全覆盖。《会议费管理办法》适用于所有中央和国家机关,即党中央各部门、国务院各部委和各直属机构、全国人大常委会办公厅、全国政协办公厅、最高人民法院、最高人民检察院以及各人民团体、各民主党派中央和全国工商联召开的会议。同时明确规定,中央事业单位会议费管理参照执行。二是实现了对各类会议的全覆盖。将除一、二、三类会议以外的小型研讨会、座谈会、评审会等其他业务性会议作为"四类会议"纳入规范范围。

3. 主要内容

会议费管理标准包括了会议经费、参会人数等技术标准和会议费申请审批等管理标准。

二、会议费管理标准化现状

《会议费管理办法》要求各单位召开会议应当坚持厉行节约、反对浪费、规范简朴、务实高效的原则,实行会议的分类管理、分级审批,并采取会议费综合定额标准控制,在很大程度上节约了会议经费

开支,提高了会议效率和质量。接下来本书从四个方面介绍会议费管理标准的特点和主要思路。

（一）坚持分类管理

按照中央"八项规定"及其实施细则对党中央、国务院召开的全国性会议和各部门召开的全国性会议的划分标准,将中央国家机关所有会议按照召开单位和参会人员所属单位、职级的不同,分为一、二、三和四类会议。针对四类会议的不同性质和特点,《会议费管理办法》完善了各类会议的审批内容和流程,明确了各类会议经费的管理和审核部门,为增强会议费管理的实际效果奠定了基础。

（二）实行计划控制

对二、三和四类会议都要实行计划管理,从严从紧编制年度会议计划,列明会议具体情况、经费数额及列支渠道,按规定程序提前审核报批并严格执行,从源头压减会议数量,严格控制会议费开支。同时,按照中央"八项规定"及其实施细则关于各部门每年召开本系统全国性会议次数的要求,规定各单位召开二类会议的数量原则上每年不超过1次。

（三）抓住关键要素

会议费支出的多少,与会议数量、会期、人数、会议地点、场所等因素密切相关,这些因素在一定程度上影响和决定了会议费支出的规模和结构,是会议费管理的关键要素。

第一,要严格控制会议数量。《会议费管理办法》要求能通过网络、电话、传真等现代化办公手段解决问题的,不召开会议解决;参会人员相同、性质相近的,应当合并开会;杜绝无实质内容、可开可不开的会议。

第二,要明确限定会期。《会议费管理办法》要求一类会议按照批文从严控制会期;将二、三和四类会议会期严格控制在 2 天以内;将传达、布置性会议会期缩短为不超过 1 天。

第三,要压减参会人数。针对目前个别会议参会人员过多、过泛的问题,《会议费管理办法》要求不请与会议内容无关的单位和人员参会;一类会议按照批文严格限定人数;二类会议参会人员总数不得超过 300 人,工作人员占会议代表人数的比例控制在 15%以内,同时根据中央"八项规定"及其实施细则关于各部门召开的全国性会议不请地方党委政府负责同志出席的要求,二类会议不请省、自治区、直辖市和中央部门主要负责同志、分管负责同志出席;三类会议参会人员总数继续严格限定在 150 人以内,工作人员占会议代表人数的比例控制在 10%以内。

第四,要进一步规范会议地点和场所。京内单位到京外开会,不仅会产生额外的交通费用、食宿费用和通信费用,而且容易诱发其他违纪、违规问题。因此,《会议费管理办法》要求除特殊情况外,京内单位不得到京外召开会议。同时重申,各单位不得到党中央、国务院明令禁止开会的风景名胜区召开会议。为了节约会议费用,要求优先使用内部场所开会;内部不具备条件的,则选在政府集中采购的定点会议单位开会,按照协议优惠价结算费用。

第五,要改进会议形式,推广电视电话、网络视频会议。《会议费管理办法》规定运用现代信息技术手段改进会议形式,充分运用电视电话、网络视频等现代信息技术手段开会,降低会议成本,提高会议效率。

(四) 严控开支标准和范围

在会议费开支标准方面,《会议费管理办法》规定一类会议每人每天760元,二类会议每人每天650元,三、四类会议每人每天550元。在会议费列支渠道方面,《会议费管理办法》规定会议费用由召开会议单位承担,不得向参会人员收取,也不得以任何方式向下级、地方或其他单位和人员转嫁、摊派。

在会议费开支范围方面,包括会议住宿费、伙食费、会议场地租金、交通费、文件印刷费、医药费等。同时,着力对重点会议支出进行细化控制,在会议用房、用餐、会场安排、资产购置等方面提出严格细致的新要求:会议用房以标准间为主,不安排高档套房;会议用餐安排自助餐,不安排宴请,严禁提供鱼翅、燕窝等高档菜肴,不上烟酒;工作会议会场一律不摆花草,不制作背景板,不提供水果和茶歇;不得用会议费购置电脑、复印机等固定资产;不得组织会议代表旅游及无关参观;严禁组织高消费娱乐、健身活动;不得额外配发洗漱用品,严禁以任何名义向参会人员发放纪念品及与会议无关的物品。

在会议费报销方面,必须提供费用的原始明细单据、定点电子结算单等原始凭证;通过银行转账方式支付会议费;具备条件的,由财务部门统一结算会议费。此外,关于禁止性规定,《会议费管理办法》在杜绝会议费支出借用培训费、以会议名义组织会餐或安排宴请、转移会议费设立"小金库"、会议费列支接待费等易发和多发会议费支出违规行为方面提出了明确要求。

三、会议费管理标准化展望

(一)完善会议计划和备案管理

加强计划管理,从严从紧编制会议计划,并依据细化到具体会议的会议计划从严编制会议费预算。建立会议计划调节机制，按程序严格审核因特殊原因召开的计划外会议。完善会议计划备案制度，二类会议计划按规定程序经财政部审核后报国务院批准，三、四类会议计划报本部门、本单位负责人办公会议批准；批复同意的，二、三、四类会议计划报国管局、财政部备案。

（二）加强会议情况统计分析

分季度统计机关本级及所属行政单位使用财政预算资金召开会议的情况，包括会议的名称、内容、会期、人数、场所、支出总额以及住宿、伙食、会议室场租等明细金额；分析各部门各单位会议活动总体趋势和特点变化，掌握会议费支出规模和结构变动情况，有针对性地采取管理措施，完善管理制度。

（三）强化检查指导

研究加强会议管理的具体措施，强化小型会议、小额支出会议管理。财政、机关事务管理等部门对各部门会议制度建设、计划审批、财务控制机制等会议管理情况进行检查指导。

（四）推动会议情况公示

加快推动各部门会议情况公示工作，加快建立单位内部会议情况公示制度，公示内容应包括会议的名称、会期、参会人员及支出金额等基本情况，增强会议活动的透明度，接受干部职工监督。推进非涉密会议费开支情况向社会公开，接受公众监督。

第三节 差旅经费管理标准

一、差旅经费管理标准概况

(一) 差旅经费管理标准的基本概念和原则

根据财政部于 2013 年 12 月 31 日印发的《中央和国家机关差旅费管理办法》(财行〔2013〕531 号),差旅费是指工作人员临时到常驻地以外地区公务出差所发生的城市间交通费、住宿费、伙食补助费和市内交通费。差旅经费管理标准是指差旅费管理方面需要统一的费用定额、工具等级、管理流程等规范的总称。

在制定差旅经费管理标准时,应当坚持以下原则:

一是厉行节约。差旅费是保障异地公务活动的重要经费,在很多单位,特别是外交、商务、招商引资等跨区域服务较多的部门的机关运行经费各经济分类科目中,差旅费金额名列前茅,是厉行节约、反对浪费的重要关注点之一。因此,在制定差旅费标准时,必须做到厉行节约,反对浪费。

二是严守法律、法规。在制定差旅经费管理标准时,必须严格按照现行相关法律、法规,不得制定超越法律、法规红线的标准制度。目前,仅中央和国家机关层面直接规范差旅费及相关事项的规范性文件就有《中央和国家机关差旅费管理办法》等 9 件文件。

三是保证效率。出差是跨区域开展公务活动的必要工作。合理的差旅费保障,对高效完成跨区域公务活动是至关重要的。厉行节约不代表无节制压减,比如从北京到上海,可以乘坐飞机、高铁,均可半天抵达,但如果乘坐硬座绿皮火车,虽然费用减少了,但时间成本增加，人也会十分疲惫，势必影响工作，显然得不偿失。

整体来看，在制定差旅经费管理标准时，要在严守法律、法规的前提下，在厉行节约与保障公务出行效率之间找到一个恰当的平衡点。制定的差旅费标准也应根据经济社会的发展水平、市场价格及消费水平变动情况适时调整，满足公务需求。

（二）差旅经费管理标准体系情况

目前，差旅经费管理标准化工作主要包括国内差旅经费管理和因公临时出国（境）差旅经费管理两方面标准的制定和实施，以及相关的报销及监督工作。

二、差旅经费管理标准化现状

（一）已出台标准的情况

由于《中央和国家机关差旅费管理办法》《中央和国家机关工作人员赴地方差旅住宿费标准明细表》《因公临时出国经费管理办法》分别规定了国内、国际差旅费的具体标准，因此对中央和国家机关以及参照上述规定执行的其他单位而言，只需按照上述标准制定本单位的管理标准即可。因此，目前已经制定了差旅经费管理标准的一些机关事务管理部门，将差旅经费管理标准化的工作重点放在了报销管理上。

（二）标准实施情况及存在的不足之处

差旅经费管理标准自 2013 年实施以来，结合财务管理的有关要求得到了严格执行。财政部在 2015 年、2016 年对赴地方差旅住宿费标准修改了两次，力求紧跟现实需求。差旅经费管理标准对保障各单位差旅活动坚持厉行节约、有规可依发挥了重要作用。财政部办公厅、国管局办公室、中直管理局办公室印发的《关于规范差旅伙食费和市内交通费收交管理有关事项的通知》，对此前执行差旅费相关制度标准时出现的出差人员不主动交费、接待单位不知如何收费等情况进行了说明和规范。但是，目前差旅经费管理标准还存在部分地区伙食费、市内交通费补助标准以及部分地区旺季食宿行费用标准难以满足公务出差需求等问题。

三、差旅经费管理标准化发展

（一）差旅经费管理标准化的未来构想

差旅经费管理标准化的未来发展，可以有以下两方面的思路：

一是与旅游、服务等行业合作，利用大数据等科技手段，实现不同地区差旅相关行业服务价格实时监控，在此基础上实现不同时间、地点、级别差旅费标准的及时更新。

二是利用先进的移动支付、区块链等科技手段，实现公务人员出差过程中的相关食宿行费用在扫码或刷卡支付时自动记录。出差结束后，自动形成差旅费用清单，并自动判断是否符合差旅费标准，给出报销建议。

（二）差旅经费管理标准化当前的重点任务

当前，要用好差旅经费管理标准。简言之，就是要在坚持厉行节约、严守法规的基础上，保证出差效率，重视细节，确保差旅经费管理既符合规定，又有助于外地相关公务活动顺利完成。

第四节 国内公务接待管理标准

一、国内公务接待标准概况

（一）国内公务接待标准的基本概念和原则

公务接待工作是公务活动的必要保障，是机关事务工作的重要组成部分。国内公务接待标准是指在国内公务接待管理以及餐饮、住宿、出行等服务方面需要统一的技术要求规范的总称。

国内公务接待标准需要遵守以下原则：

第一，要厉行节约、严守红线。中央“八项规定”和《党政机关厉行节约反对浪费条例》对规范和简化公务接待提出了明确要求。中央纪委和国家监察委近年来查处的违反中央“八项规定”精神的问题中，公务接待问题时有上榜。此外，公务接待费还是社会广泛关注的“三公”经费之一，这都提醒我们在开展国内公务接待工作时必须坚持厉行节约，严守规定红线。

第二，要努力提升服务体验。服务行业讲究“顾客至上”。公务接待作为公务活动中服务性最强的活动之一，也应在符合各项规定的前提下，尽量满足来宾要求，为来宾完成工作任务创造便利条件。编制标准时，应当考虑标准内容既要符合有关规定，又要尽力提升接待对象的服务体验，如清真餐的设置、有关食宿行各项费用的缴纳提醒等。

第三，要提升效率保障安全。随着社会经济不断发展，各行各业借助现代通信技术都大幅提升了服务质量和效率，公务接待工作亦不能例外。推动网上预订、实时变更等技术方式与公务接待部门熟悉情况、经验丰富的传统优势相结合，公务接待管理在提升效率、保障安全、强化保密方面仍有较大发展空间，尤其是现场协调和应急处置突发事件方面，都属于适宜标准发挥“软性”管理的领域。

第四，要结合当地特色。公务接待工作在满足上述原则的基础上，还要尽可能突出本地区的特色。相关标准的制定应当体现这方面的引导和安排，既务实节俭有利于公务开展，又鲜明生动、周到体贴。如安排桌餐时，尽量在用餐标准内安排本地特色菜肴，在主桌中央以廉价材料摆放出本地区代表性地标建筑，桌签内附有本地区、本单位简介等。这些细节增加的成本很低，却能让接待对象感受到接待单位的细致用心，提升了接受服务的体验。

（二）国内公务接待标准体系情况

国内公务接待服务工作是国内公务接待工作的具体实施，是接待工作中接待对象直接接触的部分，工作结果将直接影响接待对象对接待工作乃至组织、单位甚至所在地区的印象，公务接待标准决定了本地的国内公务接待工作是否遵规守纪、高效有序。目前，国内公务接待标准主要包括管理和服务两大方面的标准。

二、国内公务接待标准化现状

据了解，很多地区的接待负责单位已经有内部成文或不成文的标准规定，涵盖接待内容、流程、要求及餐饮、住宿、出行等方面，但由于种种原因，未形成符合标准化认证的标准，导致在接受审计、纪检监察时，难以发挥应有效力。

此外，国内公务接待标准化工作还有以下有待改进之处：

一是标准更新不及时，个别制度监督难，执行效果不佳。如工作餐、住宿费等标准更新不及时，社会上宾馆、饭店的接待意愿下降；接待对象主动缴费意愿偏低，主动缴费机制缺乏监督。

二是特殊情况时有突破，攀比从标准蔓延到制度执行。如“无公函不接待”的规定遇到特殊情况时如何处理；有关陪餐人数、工作餐次数、禁酒、在风景名胜区安排接待的规定以特殊情况为由时有突破等。

三是各地情况各异，难以发挥标准作用。这主要表现在机构设置、管辖范围、隶属关系、单位性质、机构规格、工作职能、内设机构编制存在“七个不统一”，几乎每个地区的公务接待管理机构都有自己的特点，不便于标准在整个接待行业中发挥作用。

三、国内公务接待标准化发展

目前，要严格执行好国内公务接待标准，在现行党政机关国内公务接待、差旅、会议、培训以及安全保密等框架制度下完善、细化公务接待标准，不得抱侥幸心理寻求突破；遵循公务接待工作的宗旨，在严守规定红线的前提下尽力为保障接待对象顺利开展工作创造条件；切实发挥公务接待标准的统一规范效能，提升公务接待工作效率。

第五节　政府集中采购标准

一、政府集中采购标准概况

政府采购是指各级国家机关、事业单位和团体组织，使用财政性资金采购依法制定的集中采购目录以内的或者采购限额标准以上的货物、工程和服务的行为。我国的政府采购实行集中采购和分散采购相结合的模式。集中采购的范围由省级以上人民政府公布的集中采购目录确定，纳入集中采购目录的政府采购项目应当实行集中采购。

政府集中采购标准包括政府集中采购业务标准和政府集中采购需求标准。政府集中采购业务标准是指政府采购业务的管理规定、业务规则和相关文本格式规范；政府集中采购需求标准是指通过对政府采购标的的特征描述，为获得最佳秩序而提出的相应规范。

二、政府集中采购标准化现状

（一）已出台标准的情况

1. 政府集中采购业务标准

目前，我国已出台《政府采购法》《招标投标法》等法律，《政府采购法实施条例》《招标投标法实施条例》等行政法规，《政府采购货物和服务招标投标管理办法》《政府采购非招标采购方式管理办法》《政府采购供应商投诉处理办法》《政府采购信息公告管理办法》等部门规章，政府集中采购目录和标准、评审专家管理办法、批量集中采购、内控管理、采购需求和履约管理以及中小企业、节能产品、环境标志产品、政府购买服务、正版软件、信息安全产品、进口产品采购等涉及政府采购的政策规定。但是，政府采购招投标文件范本、合同范本、质疑投诉范本等尚未出台全国统一的格式化规范。

2. 政府集中采购需求标准

政府集中采购需求标准包括政府采购货物（服务）需求标准和政

府采购工程需求标准。政府采购货物（服务）需求标准体系包括产品级采购需求标准、系统级采购需求标准和集成级采购需求标准；政府采购工程需求标准体系包括国家定额标准、专业定额标准和工程量清单计价标准。

（1）政府采购货物（服务）需求标准要充分体现政府采购政策功能、采购人的工作需要、供应商能够提供的市场可能，为采购人制定采购需求、供应商应答采购需求、履约监管提供参考。其标准尚属政府采购标准体系空白，规划中的产品级政府采购需求标准基本上与工程定额标准属于同一层次，系统级采购需求标准和集成级采购需求标准与工程量清单计价标准属于同一层次。

（2）政府采购工程需求标准已有国家定额标准，包括全国统一建筑工程基础定额、全国统一装饰装修定额、全国统一安装工程预算定额、全国统一市政工程预算定额、全国统一建筑安装工程工期定额、工程项目建设工期定额、全国统一房屋修缮定额、全国统一仿古建筑及园林工程预算定额、全国统一劳动定额、全国统一机械台班费编制规则等。专业定额标准则包括各行业发布的专业定额；工程量清单计价标准，如《全国统一工程量清单计价规范》、各地区和各行业有关清单计价方面的规范等。政府集中采购工程需求标准体系比较完备，适用于招投标制度体系。

（二）政府集中采购标准实施情况

我国《政府采购法》颁布以来，为了规范政府采购行为，提高政府采购资金的使用效益，维护国家利益和社会公共利益，保护政府采购当事人的合法权益，促进廉政建设，先后出台了一系列的法律、行政法规、部门规章及其他规范性文件。为践行政府采购公开透明原则、公平竞争原则、公正原则和诚实信用原则，多部委又联合颁布了涉及信息公开、反不正当竞争、信用体系、公共信息资源整合等相关规定，初步构建了政府采购政策法规体系，为政府集中采购的顺利进行奠定了制度基础。

中央国家机关政府采购中心在信息类产品政府采购需求标准规划实践中，重点依托政府集中采购政策法规体系开展工作：

一是建立了政府采购需求标准体系框架。体系框架由商务部分、技术和服务部分、实施部分构成。商务需求归集了政府采购现实需要和采购人频繁沟通的重要信息，技术和服务部分规范采购需求的描述，最后引入项目管理实施方案来初步规范履约所涉内容。对于采购人需要填写和关注的内容，模板均有详细的注释。政府采购需求标准体系框架自 2017 年 10 月开始试用。

二是构建了采购技术标准体系。采购技术标准针对技术需求进行标准化，又是采购需求标准化工作的核心。采购技术标准可以分为产品采购技术标准、系统采购技术标准和集成采购技术标准。在中央国家机关政府采购范围内征求意见后，于 2018 年 4 月非正式发布、试用《服务器采购技术标准》《云服务采购技术标准》，于 2018 年 6 月发布《交换机采购技术标准》《路由器采购技术标准》，于 2018 年 10 月发布《网络存储设备采购技术标准》，于 2018 年 11 月非正式发布、试用《视频会议采购技术标准》《空调采购技术标准》。

三是提出了优选评价算法。优选评价算法对采购人采购物有所值的产品、有效避免专家倾向性打分、遏制围标和串标都有明显作用，该算法不仅可用于单独委托，更可用于电子采购的定价机制。算法在后续规划中列入政府采购需求评价标准。

三、政府集中采购标准化发展

（一）政府集中采购业务标准化的发展目标和任务

政府集中采购业务标准化的发展目标和任务是在不断建立健全政策制度的基础上，构建文件范本、合同范本、质疑投诉等政府采购业务流程文件体系框架。

政府集中采购业务标准化聚焦招投标文件范本、合同范本、质疑投诉范本等格式化规范，根据实际需要指定相应范本，包括集成类范本、货物类范本、服务类范本。同时，兼顾采购方式，这个不需要做通用范本，仅作为分类指引，范本的商务部分基本完备，可以统一固化发布，以下重点关注技术部分规范。以信息类产品招标为例，一级范本包括计算机信息系统、智能建筑系统、安防系统、应用系统、视频会议系统、计算机机房系统、信息安全系统等集成类范本、货物类范本和服务类范本；二级范本包括在一级范本的基础上按目录品目区分范本，如网络设备集成类范本、货物类范本和服务类范本；三级范本是在二级范本的基础上按目录品目的具体范围区分范本，如服务器范本、云服务范本，或按行业区分范本，如公安、医疗、大学、气象范本等。

（二）政府集中采购需求标准化的发展目标和任务

政府集中采购需求标准化的发展目标和任务是形成政府采购商品规范，推动政府采购有形市场建立；提供有效定价机制，打破采购方式选择困境；发挥市场和采购主体作用，明晰采购机构职能定位。以上目标和任务为企业理解采购人需求、采购人提出合理的采购需求提供了专业的参考依据。

政府集中采购需求标准化聚焦政府采购货物和服务需求标准体系建设，构建规范的政府采购需求标准体系，提出相关领域（行业）的需求标准，提出基于政府采购需求标准的相关领域（行业）文件编制规范。例如，建立目录内政府采购需求标准体系框架，如服务器政府采购需求标准、云服务政府采购需求标准、交换机政府采购需求标准、路由器政府采购需求标准、网络存储设备政府采购需求标准、视频会议政府采购需求标准、空调政府采购需求标准、软件开发政府采购需求标准、计算机软件政府采购需求标准、无线网络设备政府采购需求标准、台式计算机政府采购需求标准、便携式计算机政府采购需求标准、打印机政府采购需求标准、复印机政府采购需求标准、复印纸政府采购需求标准、扫描仪政府采购需求标准、投影仪政府采购需求标准，智能建筑系统集成项目、计算机信息系统集成项目、安防系统集成项目、视频会议系统集成项目、信息安全系统集成项目、计算机机房系统集成项目方面的政府采购需求标准，以及政府采购需求评价标准等。

第八章　机关国有资产管理标准

第一节　通用资产管理标准

一、资产管理标准概况

（一）资产管理标准化的基本概念

资产管理标准化是指为实现资产管理总体目标而规定的管理活动和管理业务都应按照具体标准进行。资产管理标准化主要包括三个方面：一是制定明确的资产管理目标；二是建立以管理标准化为核心的资产管理标准体系；三是运用标准化形式的管理业务流程将推进管理目标的实现。

（二）资产管理标准体系

资产管理标准体系一般包括资产通用基础标准子体系、资产管理及业务流程标准子体系、资产保障（配置）及运行标准子体系等内容。

资产通用基础标准子体系是指适用于各种类型资产和资产管理工作及相关业务领域的标准化工作基础性规范、准则、概念和术语，以及数据元核心要素、编码规则等通用性标准及标准类文件。例如，《固定资产分类与代码》（GB/T 14885—2010）、《无形资产分类与代码》(GB/T 35416—2017)、《固定资产核心元数据》(GB/T 31360—2015)等国家标准。

资产管理及业务流程标准子体系是指规范资产管理活动和管理行为的规范性文件,由资产管理目标和行为规范,资产配置、调剂使用、处置管理内部控制工作规范和业务流程指南,资产登记入库、账卡管理、清查盘点、统计报告等日常工作规范,以及绩效评价指标体系与评分标准等组成。如《资产管理 综述、原则和术语》(GB/T 33172—2016)、《资产管理 管理体系 要求》(GB/T 33173—2016)、《资产管理 管理体系 GB/T 33173 应用指南》(GB/T 33174—2016)等国家标准。

资产保障(配置)及运行标准子体系是指对资产配置的数量、价格、技术性能、使用年限等的设定,以及为支撑资产有效运行所需的相关实物定额或费用标准,由资产配置标准、资产维护标准等组成。例如,通用办公设备家具配置标准、办公用房维修标准、公务用车油耗定额标准等。

二、现行资产管理标准内容介绍

(一) 资产通用基础标准

国家标准委不断完善资产通用基础标准,夯实了资产管理标准化工作基础。现行资产通用基础标准有《固定资产分类与代码》(GB/T 14885—2010)、《固定资产核心元数据》(GB/T 31360—2015)和《无形资产分类与代码》(GB/T 35416—2017)3 个国家标准。

《固定资产分类与代码》(GB/T 14885—2010)国家标准由财政部提出,由全国信息分类与编码标准化技术委员会归口,于 1994 年 1 月首次发布，于 2011 年 1 月调整更新发布。该标准规定了固定资产的基本属性分类、代码及计量单位，适用于固定资产管理、清查、登记、统计等工作。该标准内容包括适用范围、术语和定义、分类原则、编码方法和各类固定资产的代码表。按照该标准的分类原则，固定资产分为土地、房屋及其构筑物，通用设备、专用设备，文物和陈列品，图书、档案，家具、用具、装具及动植物 6 个门类，以及土地、房屋、办公设备等 56 个大类。

《固定资产核心元数据》(GB/T 31360—2015)国家标准由中国标准化研究院牵头起草编制，于 2015 年 2 月正式发布。该标准提出的背景是，各行业、地方所使用的信息化系统中涉及固定资产描述的元数据标准各不相同，不能做到对固定资产信息的统一描述，会给不同机构之间、信息化系统之间的固定资产信息交换、数据共享及汇总上报带来困难。该标准规定了各行业、地方共同使用的固定资产元数据的属性、核心元数据的构成，以及元数据在具体应用中的扩展原则和方法，以实现固定资产的统一描述，满足各类机构对固定资产信息化管理的需求，实现固定资产在不同信息化系统中对固定资产条目的全周期统一描述，实现固定资产数据的共享与交换。

《无形资产分类与代码》(GB/T 35416—2017)国家标准由中国标准化研究院提出，由全国信息分类与编码标准化技术委员会归口，于 2017 年 12 月正式发布。该标准规定了无形资产的分类原则、编码方法、代码以及计量单位，适用于无形资产管理、清查、登记、统计等工作。该标准内容包括适用范围、术语和定义、分类原则、编码方法和各类无形资产的代码表。按照该标准的分类原则，无形资产分为 7 个大类，包括专利类、非专利技术类、著作权类、资源资质类、商标权类、信息数据类和经营类无形资产。

（二）资产管理系列标准

国际标准化组织(ISO)于2014年1月发布了第一个专门针对资产管理领域的国际标准，即ISO 55000资产管理系列标准，由中国标准化研究院等单位提出并于2016年10月归口转化为我国国家标准。该系列标准以国际化合作的形式制定，代表了适用于最广泛资产、最广泛组织和最广泛文化的通用做法，包括所有类型的资产和所有类型、规模的组织。资产管理系列标准的内容是由《资产管理 综述、原则和术语》(GB/T 33172—2016)、《资产管理 管理体系 要求》(GB/T 33173—2016)、《资产管理 管理体系 GB/T 33173 应用指南》(GB/T 33174—2016)三项国家标准共同构成、支撑的资产管理体系所建立的系列国家标准。资产管理系列标准提出了用管理体系的方法，指导政府机构、企业等组织通过对其资产（包括设备、建筑、土地等实物资产和租赁权、数据资产、许可等无形资产）进行有效和高效的管理，实现资产价值最大化的目标，同时促进并保证组织长期可持续地实现自身目标。

《资产管理 综述、原则和术语》(GB/T 33172—2016)国家标准对资产管理及其准则、术语、定义和采取资产管理的预期获益进行了综述，阐明资产管理和资产管理体系的基本原则和管理目标，同时明确了资产管理体系与资产管理的关系，提出了资产管理体系要求的7项要素，即组织环境、领导力、策划、支持、运行、绩效评价、改进，并对这7项要素的内涵逐一解释。此外，该标准阐述了整合的管理体系方法，即组织将资产管理体系要素与质量、环境、健康、安全与风险管理等其他管理体系相结合，以缩短组织实施新管理体系的时间，降低费用和风险，并改进多管理体系整合和跨职能协作。

《资产管理 管理体系 要求》(GB/T 33173—2016)国家标准阐明

建立、实施、保持和改进用于资产管理的管理体系的具体要求，旨在使得组织的资产管理体系与相关管理体系的要求协调一致并能进行整合。该标准涵盖了资产全周期管理，共分10个部分，即范围、引用标准、术语和定义、组织所处的环境(组织关系、相关方的需求和期望、确定资产管理系统的范围和要求)、领导(承诺、方针、职责、权限和作用)、策划(应对资产管理系统的风险和机遇的措施、目标及策略)、相关支撑(资源、胜任能力、意识、交流沟通、信息需求、存档信息)、实施(运行策划和控制、变更管理、外包)、绩效评价(监视、测量、分析和评价，内部审核，管理评审)和改进(不符合和纠正措施、预防措施、持续改进)。该标准提出的各项要求能够帮助组织对其资产进行有效和高效的管理，促进并保证组织长期可持续地实现自身目标。

《资产管理 管理体系 GB/T 33173 应用指南》(GB/T 33174—2016)国家标准与《资产管理 管理体系 要求》(GB/T 33173—2016)的要求相统一，是资产管理体系的应用指南，详细解释了资产管理体系的具体领域、具体资产或具体活动的技术要求，为如何诠释《资产管理 管理体系 要求》(GB/T 33173—2016)并将其应用于具体的行业或资产类型提供指南，并提供了辅助组织实施资产管理体系的各种示例，以便于组织通过多种途径和方式，在科学、有效、全面的方法指导下实施资产管理体系。通过建立具有较强约束力的资产管理体系，使组织的各项资产管理活动以及影响资产管理结果的全部因素都处于受控状态，并通过对资产管理体系进行有计划的审核与评审，持续改进资产管理体系，确保组织实现预期目标，让组织在资产管理方面满足各相关方的需求和期望。

(三) 资产配置标准

资产配置标准是编制资产配置计划、审核资产购置预算、组织实施政府采购和监督检查的重要依据。制定资产配置标准，是促进资产管理与预算管理、政府采购相结合的重要手段，对于解决资产管理工作中铺张浪费、分配不公、苦乐不均等问题，有效控制资产增长规模，节约财政资金，推进节约型机关建设和党风廉政建设，均具有十分重要的意义。

在中央层面，在党政机关办公用房、公务用车管理有关规定的基础上，国管局先后印发了《关于中央和国家机关公务用车配备使用管理有关问题的通知》(国管资〔2011〕343 号)、《中央国家机关通用办公软件配置标准》(国管资〔2013〕42 号)，并会同财政部、中直管理局、全国人大、全国政协修订印发了《中央行政单位通用办公设备家具配置标准》(财资〔2016〕27 号)，初步形成了覆盖办公用房、公务用车、办公设备家具、办公软件等各类资产的中央行政事业单位通用资产配置标准体系。同时，针对专用资产种类、规格复杂，使用寿命及采购标准难以界定的情况，中央国家机关各部门在专用资产配置标准化建设方面进行了有益探索。如文化和旅游部按照试点先行、总结经验、规划体系、逐项推进的原则，先后出台了《文化部直属艺术院团主要民族乐器配置标准(试行)》《国家图书馆主要流通阅览设备资产配置标准(试行)》等专用资产配置标准；中国气象局按照先易后难原则，逐步推进遥感遥测仪等气象专用资产配置标准建设。上述中央国家机关的做法完善了资产配置标准体系，使标准化范围从通用办公设备、家具拓展到少数部门才有的、极具行业特点的专业化设备上来，进一步提高了中央行政事业单位资产管理的标准化水平。同时，在地方层面，各地也结合本地实际制定各类通用资产配置标准，如上海、福建、四川等省、市制定了通用办公设备、家具相关配置标准。

《中央行政单位通用办公设备家具配置标准》在体例上由正文和附表组成。正文主要包括标准制定的目的和依据、适用范围、定义、原则、标准体系组成、管理要求、解释权等，附表为各类办公设备、家具的数量上限、价格上限、最低使用年限和性能要求的具体标准。该标准明确规定了通用办公设备、家具的配置标准，包括资产品目、配置数量上限、价格上限、最低使用年限和性能要求等内容。其中，资产品目根据办公设备、家具的普遍适用程度确定。配置数量上限根据单位机构设置、职能、编制内实有人数等确定，是不得超出的数量标准，具体数量由各单位结合实际，按照节约的原则合理配置。价格上限根据办公设备、家具的市场行情确定，是不得超出的价格标准，具体价格由各单位结合实际，按照节约的原则合理配置。因特殊原因确需超价格上限采购的，应按规定履行审批手续。最低使用年限根据办公设备、家具的使用频率和耐用程度等确定，是通用办公设备、家具使用的低限标准。未达到最低使用年限的，除损毁且无法修复外，原则上不得更新；已达到使用年限仍可以使用的，应当继续使用。性能要求是对通用办公设备、家具功能、属性、材质等方面的规定。

现行的《中央国家机关通用办公软件配置标准》从价格、年限、服务、技术及安全五个方面对各部门配置通用办公软件进行了规定。在价格方面，由于软件具有非实体化特点，其价格与一定期限内免费提供的升级和维护等服务息息相关，因此无法直接确定具体价格的标准数值，为打破国外品牌高价垄断市场的局面，该标准规定在通用办公软件基本功能相似、许可方式相同等情况下，各部门应当配置价格较低的产品。

通用办公软件价格包括最低使用年限内软件使用价格及升级和

维护费用。在使用年限方面，考虑到软件使用无损耗、基本使用功能比较成熟等特点，该标准规定通用办公软件的最低使用年限为6年；未达到最低使用年限的，不得淘汰。在服务方面，为防止软件企业推出新版本软件后不再对旧版本软件进行维护和升级等服务，导致旧版本软件无法正常安全使用，且自主品牌通用办公软件企业进行维护和升级服务的成本远低于国外品牌，该标准规定各部门配置的通用办公软件应确保在最低使用年限内合法使用，并能获得持续维护和升级等服务。在技术方面，目前市场缺乏统一的文档格式标准，微软公司希望利用其垄断地位形成的事实标准取代行业标准，但由于其文档格式具有封闭性而会导致文档的长期保存面临隐患，且不同办公软件形成的文档不能兼容，文档读取同样面临安全威胁。2007年，《中文办公软件文档格式规范》正式实施，符合该规范的不同的中文办公软件可以实现文档格式的互相兼容，且因其开放性得到相关部门和企业的肯定，该规范规定各部门配置的通用办公软件应当支持中文办公软件文档格式规范；在安全方面，为维护信息安全，该规范规定各部门配置的通用办公软件应当符合党政机关计算机信息系统安全和保密管理的有关规定。

三、资产管理标准化发展

（一）资产管理标准化存在的问题

1. 资产管理标准体系尚未形成

目前从全国来看，中央和部分省、自治区、直辖市对资产标准问题已予以重视并进行了探索，但尚未提升到体系建设层面，对标准体系的系统性考虑不多，在整合推动资产集约共享、盘活资源，提升资产管理和保障效能等方面缺乏制度性安排。在资产管理及业务流程标准方面，标准体系建设严重滞后，除了上海市制定了《上海市级行政单位国有资产管理内部控制工作规范》(Q/JGSW. GL2. 1—2019)、《上海市级行政单位国有资产入账规范》(Q/JGSW. GL2. 3—2019)外，其他地区的资产管理及业务流程标准建设基本空白。在资产保障及运行标准方面，虽然通用办公设备家具、办公用房、公务用车管理方面已经出台了一些配置标准和运行标准，但体系还不完备，一些标准和实际需要、现状差距较大，导致难以有效执行。

2. 资产管理标准化的制度设计不健全

在实际工作中，普遍存在对资产管理重视程度不够、资产管理意识薄弱的问题，资产管理部门的角色淡化现象较为严重。资产管理制度和标准落实缺乏有效的监督制约机制，导致资产使用部门和人员片面追求对资产使用的需求和对服务质量的要求，忽视资产管理标准的约束，加上资产管理部门和人员不重视基础管理工作，忽视资产管理质量和效率等问题，不能有效地发挥资产管理标准化应有的作用。

3. 信息化管理支撑水平较为薄弱

资产管理标准化与信息化二者之间相辅相成，相互促进。目前机关资产管理信息化应用层次相对较低，资产管理信息系统的功能设计与标准化管理的融合度还不够，不同部门之间的业务协同管理、相互制约的管理流程还未实现，资产数据采集、信息捕捉主要还是靠人工输入信息系统，尚未实现自动化、智能化的资产管理数据审核验证、分析比对，资产管理实效性差、准确度低，影响了资产管理标准化的实施效果。

（二）资产管理标准化的要求

资产管理标准化，就是要站在组织整体管理的角度，将资产涉及的所有事项予以明晰和确定，确定资产管理的具体环节及其管理要求，确定资产管理各个主体的责任，确定资产监督考核的规范要求等。

1. 明晰资产管理内容

实施标准化的资产管理，必须对资产的管理项目、环节和内容有清楚的了解和掌握，可根据资产管理的现实情况，结合资产管理职责的分配需求，对资产管理的所有事项进行梳理、识别和划分；通过合理划分管理事项，进一步明确资产管理的全部环节，防止资产管理出现缺失和错误，避免产生推诿扯皮、责任不清等问题，提高资产管理的有效性和针对性。资产管理事项包括资产配置、资产使用、资产处置及审批、资产评估、产权界定、产权登记、清查盘点、日常管理、资产统计报告和监督检查等，通过对每个具体环节进行梳理，从而为进一步理顺职责权限奠定基础。

2. 明确资产管理职责

资产管理涉及不同的部门或岗位，各个部门或岗位之间必须明确其管理职责，必须合理划清各自的管理权限和相互配合、协作的接口，避免出现交叉重复管理。对资产管理事项进行合理划分后，还要对各个管理事项的管理职责和权限进行分配，进一步明确资产管理部门、财务管理部门、资产使用部门以及信息化管理部门、后勤服务部门等相关部门的责任、权限，并根据资产的类别确定相应的主要责任部门，需要相关部门配合的要留好接口，避免出现管理空档或接口梗阻。

3. 完善资产管理依据

资产管理既要遵守国家层面的政策、法规要求，又要遵循组织内部的管理制度，因此在理清管理环节的基础上，要针对各个资产管理事项，进一步对其开展工作的依据文件进行梳理，特别是要对其所依据的法律、法规、规章制度以及上级主管单位的规范要求进行充分的收集整理，剔除过时、无效的文件，对存在矛盾的文件做好标记，及时区分正确的要求规范。同时，结合依据文件的变化情况，要及时进行补充完善，确保每个事项都有准确、有效的准则，避免资产管理工作出现偏差和失误。

4. 强调管理高效执行

资产管理工作涉及不同的管理主体和管理事项，考虑到部门间、岗位间的人员轮换，为确保人员换岗后快速适应岗位的职责要求，就必须对每个国有资产管理事项整理出唯一有效的管理规范性文件或标准，工作人员执行该规范性文件就可以执行该事项对应的所有工作依据。同时，将工作依据文件中存在的交叉、重复、矛盾或不合理的部分进行甄别，保留继续有效、管用的要求，剔除无效、过期的要求，确保管理文件的实时动态调整，工作人员能够拿到最准确、最有效的版本，实现资产管理的标准统一。

5. 加强管理标准监督

资产既包括消耗性资产，又包括收益性资产，如果没有进行有效的过程监督和控制，势必无法掌握资产的现状，可能造成国有资产的流失。为确保资产安全和使用效益最大化，就必须加大对资产管理的监督和奖惩，对虚报、冒领或私自占有、使用和处置国有资产的情形，要及时进行处罚、处理和处分，形成严格的问责制度。同时，在资产使用过程中，也应加大对使用情况的监督，对未按规定缴纳国有资产收益、擅自处置或截留资产收入等违规行为要坚决予以惩戒，对闲置资产及时进行调剂、淘汰、变卖、租赁等，优化国有资产资源，从而增强资产配置的计划性和前瞻性，减少因资产闲置、重复建设而造成的浪费，提高国有资产的使用效益和管理效益。

（三）推进资产管理标准化的思路

行政事业单位的国有资产规模庞大、类型较多且情况复杂，不同部门、不同行业、不同区域之间差别较大，履行职能的情况也有所区别，实现资产管理、资产保障及运行标准的统一和均等难度很大。资产管理标准化工作是一项政策性强、涉及面广、适应性强的系统工程，资产管理标准的制定要以动态的资产管理信息系统为依托，以资产的使用效能提高为目的，兼顾经济发展水平、国家财力及可使用的经济原则，按照“前瞻性、动态化”的原则，由易到难、先点后面、分类制定、修正改善、持续完善。

首先，分类推进，健全资产管理标准体系。具体而言，一是按单位性质分类。行政事业单位的资产情况较为简单，具有很强的保障性功能定位，较为容易做到统一规范、统一标准的集中管理。因此，可以先从行政单位的资产管理标准化入手，先试点，取得经验后再逐步推广。随着资产管理标准应用范围的不断扩大和应用实践的不断丰富，逐步健全各类事业单位资产管理标准体系。实践证明，这种方式既保证了标准的科学性，又大大减少了标准实施的改革阻力和成本。二是按资产类别分类。对通用设备，如办公设备、办公家具、公务用车等，容易规定统一的标准，待这部分资产管理规范后，再逐步覆盖到专门用途的资产，尤其是针对重点资产和单价较高的专用设备制定单项标准或定额标准。三是按管理环节分类。应从资产配置标准入手，再逐步向制定实物费用定额标准、资产使用标准、处置标准及资产绩效评价标准推进。

其次，适时更新，建立资产管理标准动态调整机制。及时跟踪资产管理标准的实施应用情况，采取各种工作措施和信息化手段，收集整理资产管理标准实施中遇到的种种问题，及时更新调整资产管理标准，使资产管理标准得以顺利施行。同时，要及时借鉴相关领域已经取得的一些重要理论和实践成果，推动资产管理标准体系的不断创新，推进资产管理标准化水平的全面提升。

最后，强化约束，夯实配置标准的执行基础。完善的工作机制是资产管理标准得以实施和有效发挥作用的基础，树立全局观念和系统管理意识，完善资产管理与预算管理、资产管理与财务管理相结合的工作机制。在资产管理工作流程中，强化标准的约束性，加强对资产管理标准执行情况的监督检查和问责整改，以保障资产管理标准的落实。

第二节　公务用车管理标准

一、公务用车标准概况

（一）公务用车标准的基本概念、内涵和范围

高效保障公务出行、严格规范车辆管理、因地制宜分类施策是公务用车管理标准化应秉持的三大理念。从这三大理念出发，以可执行、可评估、可调整为要求，坚持科学合理、清晰明确、统筹协同原则，建立从车辆配备、使用到处置的各环节标准并有效组织实施，是公务用车管理标准化的应有之义。

高效保障公务出行、严格规范车辆管理，意味着公务用车管理标

准化建设要坚持目标导向，明确实行标准化是为了在提高保障效能的基础上对公务用车管理各流程的工作要求进一步细化、固化，全面提升公务用车全周期的精细化管理水平，以精细化管理防患于未然。因地制宜分类施策则意味着公务用车管理标准化并非要建立简单化、“一刀切”的标准，而应在遵循关键统一标准的前提下，将顶层设计与基层实践结合起来，兼顾当前与长远，在编制、标准的确定以及使用管理等方面制定与本地区社会化出行和道路交通条件相适应的补充标准。这三大理念既是公务用车管理标准化建设的价值导向，也包含重要实现手段。

（二）公务用车管理标准体系情况

从目前全国公务用车管理标准制定的现实情况和业务需求来看，标准体系主要由编制配备、运行使用、处置管理三方面构成。车辆编制配备标准包括价格、排气量、编制等标准，运行使用标准包括运行费用、标识化、台账登记等标准，处置管理标准包括更新年限、工作程序等标准。公务用车管理标准的体系如图 8.1 所示。

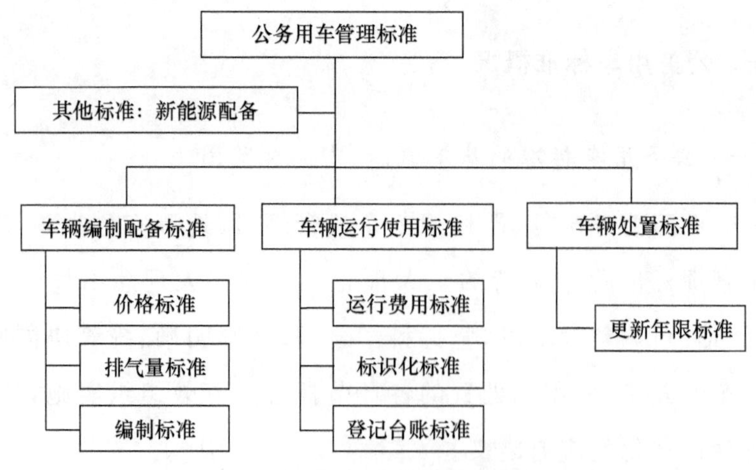

图 8.1　公务用车管理标准体系

二、公务用车标准化现状

（一）已出台的标准情况

目前，我国以《党政机关公务用车管理办法》（以下简称《公车管理办法》）为核心框架，基本搭建了党政机关公务用车采购配备、运行使用和处置方面的多流程标准化管理。各地区抓住贯彻实施《公车管理办法》契机，制定出台相应管理办法和配套制度标准。

1.《公车管理办法》及配套制度中关于标准的相关内容

《公车管理办法》第二章根据车辆的使用性质分别规定了价格和排气量标准，如表8.1所示。

表8.1 《公车管理办法》中车辆配备价格和排气量标准

	价格（万元）	排气量（升）	备注
机要通信用车	12	1.6	轿车或其他小型客车
应急保障用车/执法执勤用车	18	1.8	轿车或其他小型客车
	25	3	其他小型客车、中型客车
	45	—	大型客车
新能源轿车	18	—	—

许多地区在严守《公车管理办法》有关公务用车配备标准的基础上，根据工作需要，因地制宜细化了配备越野车、皮卡车等车型的条件和标准。在编制标准方面，各地区基本以车改方案为基础，在具体的实施办法中进一步明晰。

在运行使用方面，《公车管理办法》规定，财政部门会同公务用车主管部门制定公务用车运行费用定额标准，统筹安排公务用车运行费用，列入党政机关部门预算。29个省（自治区、直辖市）出台了车辆标识化方案，主要通过两种标识方式进行统一规范：车身统一喷涂或张贴公务用车标识，并实行统一的车牌号段管理。

《公车管理办法》中还明确了车辆更新年限标准：公务用车使用年限超过8年的可以更新；达到更新年限仍能继续使用的，应当继续使用。大部分地区在具体的实施办法中也遵循此项标准。

2. 各地制定的公车管理标准文件的相关内容

上海市从新车交接和旧车上交两方面对公车管理工作流程进行了详尽细致规范（如Q/JGSW. GL5. 1—2019、Q/JGSW. GL5. 2—2019）。广东省佛山市从用车流程等方面明确规范了机关车队管理控制程序（FSGOA—QP—15）。湖南省制定的标准与《公车管理办法》和省车改方案保持一致，体现公务用车管理的原则、配备价格和排气量标准、编制标准和日常管理要求（DB43/T 1461—2018）。吉林省建立了以公务用车工作指南为指引，包括编制、配备、经费、使用、处置、信息化和监督管理七个方面内容的公务用车管理标准体系（JGSW/GWYC 2201—2801—2018）。辽宁省盘锦市分别从公车管理科、机关车队的角度制定了相应标准，共同构成公务用车管理标准体系。其中，公车管理主要包括总则、审批流程、使用及监管三部分（PJJG/YC 002—2018），机关车队管理主要包括日常管理、人员管理、平台监管和安全管理四部分（PJJG/YC 003—2018）。浙江省嘉兴市从车辆、安全、驾驶员和值班四方面明确了公务用车服务中心的工作流程，制定了相应标准。相关内容如表8.2所示。

表 8.2　公务用车地方标准有关情况

地区	标准名称	标准编号	涉及内容
上海市	党政机关公务用车新车交接管理规范	Q/JGSW. GL5. 1—2019	新车交接和旧车上交的基本原则、工作职责、交接检查项目、流程和监督管理
	党政机关公务用车旧车上交管理规范	Q/JGSW. GL5. 2—2019	
广东省佛山市	机关车队管理控制程序	FSGOA—QP—15	机关车队服务流程
湖南省	节约型机关建设规范	DB43/T 1461—2018	原则、配备价格和排气量标准、编制标准和日常管理要求
吉林省	公务用车编制管理标准	JGSW/GWYC 2201—2018	车辆编制、配备、经费、使用、处置、信息化和监督管理
	公务用车配备标准	JGSW/GWYC 2301—2018	
	公务用车经费管理标准	JGSW/GWYC 2401—2018	
	公务用车使用管理标准	JGSW/GWYC 2501—2018	
	公务用车处置管理标准	JGSW/GWYC 2601—2018	
	公务用车信息化管理标准	JGSW/GWYC 2701—2018	
	公务用车监督管理标准	JGSW/GWYC 2801—2018	
辽宁省盘锦市	公务用车管理科工作管理标准	(PJJG/YC 002—2018)	总则、审批流程、使用及监管
	机关车队工作管理标准	PJJG/YC 003—2018	日常管理、人员管理、平台监管和安全管理
浙江省嘉兴市	公务用车服务中心工作流程及标准	—	车辆、安全、驾驶员和值班

（二）公车管理标准实施成效

1. 公车管理标准促进了公务出行保障效能的提升。

（1）标准设计坚持问题导向，努力解决公务出行保障中的实际问题。《公车管理办法》及配套制度、地方标准文件针对配备更新、运行使用、处置管理等流程中出现的配备价格车型等标准不统一、车辆使用低效、处置程序不规范等问题，分别着力，如按照不同的使用性质分别制定节约适度的车辆配备标准，以公车平台接入率等要求促进加强车辆的统筹调度，进一步规范处置条件和工作流程等，确保标准管用、实用。

（2）标准坚持务实创新，充分尊重现有实践。现有标准总结吸收公务用车制度改革和公务用车管理实践中创造的新鲜经验，将实践中的创新举措和办法以标准等形式固定下来，在确保标准能落地、易执行的同时也能够耐用、好用。例如，辽宁省盘锦市在落实公车改革标识化要求的基础上，以公务用车使用及监管技术标准的方式明确了执法执勤用车、机要通信用车和应急保障用车标识的车身位置、图标尺寸等。

（3）许多地区因地制宜细化标准，有效解决个性化的公务出行难题。例如，山东省针对援疆、援藏机构及特殊行业的公务出行需求，制定了相应的越野车配备标准。四川省根据地理、气候环境和道路交通条件，将省内地区分为川西北高山高原区、盆周山地区、川西南山地区及其他地区，按地区分别制定了不同的越野车配备标准，很好地满足了当地党政机关公务出行需求。

2. 公车管理标准提高了公务用车规范化管理水平。

（1）《公车管理办法》及配套制度立足于贯彻中央关于全面从严治党、厉行节约反对浪费的精神，着眼于适应改革新情况、建立新型公务用车管理制度，体现从严管理、规范管理要求，从公务用车编制、标准、经费等关键环节入手，提供了顶层政策依据和根本遵循，构建了统一的标准体系，规范了公务用车管理。

(2) 配套制度和标准文件对工作流程等进行了具体细化，提出了硬性约束。例如，上海市对新车交接和旧车上交进一步规范，在明确各方工作职责的基础上，梳理交接过程，明确检查项目及合格条件。安徽省在遵循《公车管理办法》规定的 8 年更新年限的基础上，对更新后旧车上交时限和车辆处置时限分别进行规定，进一步规范了车辆处置流程。

(3) 在标准基础上开展绩效评价，促进党政机关和公务用车主管部门持续改进管理，不断提升管理水平。为加强中央国家机关通用资产和车辆资产管理，国管局已连续 9 年开展资产管理绩效评价工作，单车运行费用率、公车更新年限执行率、车改保留车辆使用管理制度建设情况、公务用车管理制度落实情况 4 项公务用车管理指标作为重要部分纳入整体指标体系。公务用车管理绩效评价以车辆使用主体为评价对象，帮助提高责任意识、查找管理漏洞，为不断推进制度规范执行、控制车辆运行成本起到了重要作用。

(二) 当前公车管理标准化的总体进展和存在的不足

1. 部分地区的《公车管理办法》配套制度仍未出台，缺乏本地区公务用车管理标准化整体制度设计。

制定《公车管理办法》配套制度，是因地制宜细化《公车管理办法》的原则要求，研究解决地区公务出行和公车管理中突出问题的现实需要，是巩固公车改革成果、规范保留车辆管理的现实需要，是落实全面从严治党要求和中央“八项规定”精神的内在要求。截至目前，24 个省(自治区、直辖市)和新疆生产建设兵团已出台了具体的实施办法，对公务用车管理全流程、各环节做出了系统性规定，其余7个省（自治区、直辖市）的实施办法仍未印发。

2. 公务用车管理标准体系框架基本建立，但不够全面完善。

（1）因地制宜细化标准的规定较少。从现有标准来看，在车辆配备、使用管理等方面，基本沿用《公车管理办法》的相关规定；对于《公车管理办法》中规定的省级公务用车主管部门的越野车审批权限，只有四川、山东等省根据实际工作需要分类细化制定了越野车配备标准。

（2）标准涵盖不够全面完备，在某些主体环节存在空白。如关于公车管理原则和配备标准的规定较多，关于使用管理标准的规定较少；关于车队或服务中心标准的规定较多，关于使用主体标准的规定较少等。

3. 部分地区反映，因地制宜制定标准与统一考核之间难以平衡把握。

标准的制定、实施和考核监督等环节应一以贯之，相辅相成。但调研中的部分地区反映，由于所属各市区的公务用车管理情况不同，进一步细化、量化的尺度不好把握，尚未制定配套标准。同时，如果因地制宜确定不同标准，又难以对工作进行统一量化考核，在制定和考核之间难以平衡把握。

三、公务用车管理标准化发展

（一）公务用车管理标准化未来构想

1. 秉持标准化理念，建立健全多层次、多位阶的公务用车管理制度。

具体而言，以法律、法规、规章、一般规范性文件为制度统领，以地方标准为具体实践路径，公务用车地方标准作为地方机关事务标准化建设的重要组成部分，协调统一推进。

2. 把握关键通用标准，细化制定个性化标准，两者充分结合，有效衔接。

通用标准应覆盖公务用车常见的车辆类型，把握配备等关键环节，突出如新能源车辆标准等重点事项标准。在个性化标准方面，一是充分考虑不同地区差异，如中西部地区、东北地区和东部沿海地区在经济发展水平、道路交通条件等方面存在差异，可在允许配备的车辆类型等方面分类予以考虑；二是充分考虑社会化出行条件等方面的差异，对不同层级、不同单位车辆的编制结构进行统筹调整和优化完善，确保车辆配备或是使用调度方面向基层、一线和偏远地区倾斜。在个性化标准制定，尤其是超标准配备车辆审批方面，要处理好特殊与一般的关系，既要实事求是，切实保障公务需要，又必须形成刚性约束。

3. 以有效实施为标准制定的最终目标，建立反馈评估机制。

判断标准制定得好不好，取决于能否付诸实践以及实践后是否能够达到预期目标。为此，应建立健全良好的实施反馈机制，定期开展标准实施情况评估，以评估结果促进管理水平的提升和标准体系的优化。对于通用标准和个性化标准的统一考核，可采用书面与实地评估相结合、定量与定性考核指标相结合、分阶段调整考核指标权重等方式，根据实际情况平衡把握，合理确定考核方式。

（二）当前公务用车管理标准化的重点任务

1. 制定覆盖各类车型的新能源汽车标准。

近年来，党政机关不断加强新能源汽车配备力度。例如，海南省要求到 2028 年底全面完成公务用车（特殊用途车辆除外）清洁能源化，全省新增和更新的各类公务用车，除特殊用途外，100%选用清洁能源汽车。山东省要求省级机关除特殊工作要求外，全部配备新能源汽车。但是，研究制定《公车管理办法》时，新能源汽车行业处在起步阶段，产品类型还不够丰富，技术性能尚在提升，补贴政策也在不断调整，不具备制定完备的新能源公务用车配备标准体系的条件，也缺乏其他小型客车、中型客车、大型客车配备新能源汽车的标准。因此，《公车管理办法》仅明确了"公务用车配备新能源轿车的，价格不得超过18万元"。下一步待制定新能源公务用车配备标准的条件具备后，要研究制定涵盖各类车型的新能源公务用车配备标准体系。

2. 以公务用车统计报告制度为抓手了解标准实施情况，建立调整机制。

建立全国党政机关公务用车统计报告制度，是进一步规范和加强党政机关公务用车管理的重要基础性工作。待统计报告制度印发实施后，各级公务用车主管部门可全面掌握党政机关公务用车配备使用等方面现有标准的实施情况，并深化统计数据的分析运用，针对出现的普遍性或重点问题深入开展实地调查研究，进一步改进管理，并结合社会经济发展情况适时启动标准调整机制。

第三节　办公用房管理标准

一、办公用房管理标准概况

（一）办公用房管理标准的基本概念和意义

党政机关办公用房管理标准，是以办公用房管理全周期为主线，涵盖办公用房从规划、建设维修、权属登记、配置、使用、处置、监督问责的全流程，阐释其中各流程、各细项应该遵循的原则和工作要求，确保各项工作有标可循、有据可依。

制定办公用房管理标准，旨在进一步推进办公用房管理制度化、规范化、科学化，推动实现权属明晰、规划科学、配置合理、使用规范、处置顺畅、监督有力的办公用房管理体系。

（二）办公用房管理标准体系情况

结合目前党政机关办公用房管理“四统一”（统一规划、统一权属、统一配置、统一处置）体制、各部门分工合作模式、上级对下级的业务指导关系，相应的办公用房管理标准体系也是多层级、多模块、多责任主体的。在层级上，办公用房管理标准覆盖中央、省、市、县四级，每一层级均应根据实际特点构建相应的标准体系。在业务模块上，办公用房管理标准覆盖规划、权属、配置、建设维修、使用、处置、监督问责 7 个方面。在责任分工上，中央国家机关办公用房由国家机关事务管理局负责规划、权属、调剂、使用监管、处置、维修等事宜，国家发展改革委负责建设项目审批、建设标准制定以及投资安排等事宜，财政部负责预算安排、指导开展资产管理等事宜。其中，垂直管理机构、派出机构又由行政主管部门受委托负责办公用房权属、使用、维修等有关管理工作；地方国家机关办公用房管理的职责分工，则由各省、自治区、直辖市结合本地区实际情况合理确定。

结合办公用房管理实务，本书从办公用房管理工作业务模块的 7 个方面，介绍办公用房管理标准化体系架构。

1. 规划标准

为更好地落实党政机关办公用房科学规划，统筹机关办公和公共服务需求，优化布局和功能的要求，按照《党政机关办公用房管理办法》(以下简称《公房管理办法》)“统一规划”的规定,县级以上机关事务管理、发展改革、财政部门应当会同有关部门,结合人员编制情况、办公需求与业务需要等,编制本级党政机关办公用房配置保障规划,规划编制应当遵循的标准主要是地方各级政府编制的土地利用总体规划和城乡规划。

2. 权属管理标准

办公用房权属管理主要包括权属统一登记、台账管理、信息统计报告和档案管理工作,具体涉及以下标准:

(1) 权属统一登记工作标准。该标准包括统一登记范围、登记流程、登记要件、各部门职责分工等。其中,应区分不同层级(中央和地方)、不同地区(各省、自治区、直辖市及下辖各市等)、不同类型(如垂直管理机构、派出机构)的办公用房,分类提出相应的权属统一登记标准。对于因历史资料缺失、权属不清等问题而无法登记,需进行备案的,也应制定相应的权属备案规程。

(2) 台账管理标准。办公用房管理资产台账是建立健全办公用房清查盘点制度的重要组成部分,使用单位负责本单位办公用房资产管理分台账,机关事务管理部门应当建立本级党政机关办公用房资产管理总台账。各类台账的具体内容、信息更新时限要求等,均应有相应管理标准。

(3) 信息统计报告标准。该标准主要是对办公用房信息统计报告的范围、内容、工作安排、步骤和填报要求等予以明确规定,确保信息报送及时、有效并真实反映办公用房的情况。

(4) 档案管理标准。办公用房权属、建设、维修等原始档案应统一归档管理,档案管理标准应明确使用单位和产权单位的职责、归档具体目录、工作程序等内容。

3. 配置管理标准

配置管理标准主要包括面积核定标准、交接工作规程，以及调剂、置换、租用和建设四种配置方式的具体工作规程。

(1) 配置面积核定标准。党政机关办公用房配置应当严格执行相关标准，从严核定面积。按照《公房管理办法》的要求，由国家发展改革委会同住房和城乡建设部、财政部，制定和完善党政机关办公用房建设标准；其中，对办公用房面积标准进行了详细规定，并实行标准动态调整。

(2) 办公用房交接工作规程。为了规范办公用房的置换、转移、腾退等移交接收活动，维护各方主体合法权益，党政机关之间在进行办公用房交接时，应共同对移交区域内的建(构)筑物、设施设备、相关场所、档案资料进行检查、验收等交接活动。交接工作规程主要应包括：参与单位、各方职责分工、交接流程、查验内容、现场问题处理规范以及交接协议范本等内容。

(3) 调剂标准。使用单位需要配置办公用房的，应由机关事务管理部门优先整合现有办公用房资源调剂解决。调剂工作标准主要应包括调剂条件、资源整合标准、工作流程等内容。

(4) 置换标准。采取置换方式配置办公用房的，应根据置换房屋新旧程度的不同，严格履行审批程序，置换所得收益、超出的面积也应按要求交相关部门统筹。因此，置换工作标准应重点包括置换条件、新房旧房认定标准、资产评估标准等。

(5) 租用标准。办公用房租用标准主要包括两部分：一是租用审批流程；二是租金标准。各级财政部门应当会同机关事务管理部门，制定本级党政机关办公用房租金标准，并实行标准动态调整。

4. 建设维修标准

办公用房建设主要是指新建，维修包括日常维修、大中修，涉及的标准主要包括三方面：一是程序的标准；二是实体的标准化管理，即办公用房维修本身应遵循特定的规范和标准；三是项目组织实施过程的标准。

(1) 造价标准。办公用房建设维修项目的造价标准，应明确各级各类公房采用的材料及设备选用的档次、规格、参考价格等。

(2) 建设标准。党政机关办公用房建设标准是办公用房新建(含购置)、改扩建工程建设的重要依据，包括建筑分类与面积指标、选址布局、建筑标准、设备设施标准等内容。

(3) 维修标准。各级党政机关应结合实际，制定办公用房维修标准，办公用房维修决策全过程的审批程序，包括维修需求形成、需求储备、项目的确立、资金安排标准等，并建立标准动态调整机制。

(4) 项目组织实施标准。办公用房项目组织实施标准涵盖项目前期手续办理、勘察设计、招投标、施工准备、工程施工、竣工验收及交付使用等全过程，是对组织实施规划、协调、实施、控制和总结评价的工作要求、流程和规范。

5. 使用管理标准

办公用房使用管理标准化主要涵盖使用凭证、使用情况公示、物业管理规程三方面内容。

(1) 使用安排工作规程。机关事务管理部门应当在核定各单位办公用房使用方案的基础上，与使用单位签订办公用房使用协议，核发办公用房分配使用凭证。使用安排方案核准、使用协议签订、使用凭证工作规程，都是办公用房使用安排工作标准化的内容。

(2) 使用情况公示规程。使用单位应当将办公用房的安排使用情况按年度进行内部公示，领导干部办公用房配备情况应当按年度报机关事务管理部门备案。对于公示/报备的时间、报批流程、具体内容（制式表格）等，使用单位和机关事务管理部门应当做出明确的规定。

（3）物业标准。为逐步实现党政机关办公用房物业服务的社会化、专业化，办公用房物业标准应包括物业服务内容、服务标准和费用定额等，体现经济、适度的原则。

6. 处置利用标准

党政机关办公用房闲置的，可以采取调剂、调剂使用、转换用途、置换、出租、拍卖、拆除等方式及时处置利用。为此，应当建立相应的处置利用工作规程，约定采取各种处置方式的条件认定、审核流程、租金拍卖价格确定机制等。

7. 监督问责标准

巡检考核和信息公开是党政机关办公用房管理监督问责的主要手段，监督问责标准的相关内容、各方责任、时间要求等应予以明确。

（1）巡检考核制度。按照办公用房巡检考核要求，结合办公用房管理工作实际，明确巡检考核的参与主体、职责分工、巡检时间、考核细项内容。

（2）信息公开工作规程。办公用房建设、使用、维修、处置利用、运行费用支出等情况，应当在政府门户网站等公共平台定期公开，应明确责任主体、公开时间、制式表格等内容。

二、办公用房管理标准化现状

《公房管理办法》有助于进一步理顺部门职责分工，科学统筹办公区规划，有助于从严管控项目建设，充分利用闲置资源，推动实现权属明晰、规划科学、配置合理、使用规范、处置顺畅、监督有力的办公用房管理体系，有助于健全科学合理的常态长效管理机制，实现办公用房全周期管理。各级机关事务管理部门基于贯彻落实《公房管理办法》的规定，着力实现办公用房管理标准化，在办公用房管理各环节开展了一些标准探索。

（一）取得的进展

党政机关办公用房管理标准化建设围绕办公用房全生命周期为主线，将贯彻落实《公房管理办法》作为办公用房管理标准化的核心和总纲要，将权属、配置、建设维修、使用、处置利用等环节标准植入办公用房全周期管理，中央、省、市、县各级联动，机关事务、财政、发展改革、住建等部门明确职责，各级各部门各司其职，推动标准化建设不断完善，力争形成横向到边、纵向到底的办公用房管理标准化体系。

1. 权属管理标准

权属管理标准主要包括以下内容：

一是权属统一登记标准。除应当遵循《不动产登记暂行条例》以及各地区关于不动产登记的相关流程、提交材料清单等规范以外，国管局于2018年12月印发《关于进一步做好中央国家机关办公用房和技术业务用房权属统一登记工作的通知》，明确了中央国家机关各部门、各单位办公用房和技术业务用房权属统一登记的范围，清查盘点、资料移交、申办登记的具体要求，并对应当提交的统计表、移交资料目录做出了进一步规定。

二是信息统计报告标准。2018年11月，全国党政机关办公用房信息系统正式通过验收。国管局于2019年6月印发《关于做好中央国家机关办公用房信息统计报告工作的通知》和《关于做好全国党政机关办公用房信息统计报告工作的通知》，细化工作目标、填报范围和内容、工作安排和步骤，实现对中央和地方信息统计报告工作的标准化管理。

三是档案管理标准。档案管理主要遵循《机关档案管理规定》和各地区出台的有关不动产登记档案管理办法、各单位内部档案管理的相关规定。

四是台账管理标准。各单位、各地区根据实际，自行制定台账管理的相关规程。

2. 配置管理标准

配置管理标准主要包括以下内容：

一是面积核定标准。目前，全国党政机关办公用房面积核定标准统一执行 2014 年颁布、实施的《党政机关办公用房建设标准》，该标准对中央、省、市、县、乡各级工作人员办公室、服务用房、设备用房、附属用房面积计算进行了详细的规定。

二是交接规程。办公用房交接规程作为内部工作规范，一般由各级机关事务管理部门自行拟定并实施。

三是调剂、置换、租用工作规程。在全国层面，机关单位执行《公房管理办法》中关于办公用房配置条件、审核分工和流程的规定；各地区的具体工作规程以及租金标准等，由各级政府根据当地实际情况制定。

3. 建设维修标准

建设维修标准主要包括以下内容：

一是造价标准。在中央各单位大中修项目方面，目前主要执行《中央国家机关办公用房大中修造价参考指标(2016 年版)》。

二是建设标准。全国党政机关办公用房建设统一执行《党政机关办公用房建设标准》关于建筑标准的具体规定。

三是维修标准。就中央国家机关本级单位而言，近些年出台的相关制度、标准主要包括《党政机关办公用房建设标准》《中央国家机关办公用房大中修项目及经费管理暂行办法》《中央国家机关办公用房维修标准》等。

四是组织实施标准。目前，办公用房项目的组织实施主要遵守建筑行业的有关标准。该类标准由行业主管部门或行业协会制定，包括强制性标准和推荐性标准，对项目组织实施过程中的方案设计、施工操作、建筑材料生产、节能、消防等多方面进行了详细的规定。

4. 使用管理标准

使用管理标准主要包括以下内容：

一是使用安排工作规程。2018 年 5 月印发的《关于做好深化党和国家机构改革办公用房调整安排工作的通知》，对涉改部门办公用房使用安排原则、办公用房使用方案核准、合法凭证等工作进行了规定，正在研究使用协议签订、使用凭证使用规程，下一步将全面推开，形成面向所有中央国家机关办公用房使用安排的工作规程体系。

二是信息公示工作规程。目前，信息公示工作规程一般由各使用单位、各级机关事务管理部门根据工作实际，自行制定并实施。

三是物业服务。目前尚没有全国统一的办公区物业服务标准，《中央国家机关后勤服务指南》《中央国家机关购买后勤服务管理办法（试行）》等对中央国家机关办公区物业服务标准、费用定额等进行了规定，上海、山东、四川等地方机关事务管理部门结合本地实际出台了一些办公物业服务标准规范。

5. 处置利用标准

《公房管理办法》对党政机关办公用房处置利用的前置条件、可采取的处置方式和优先顺序及审核条件做出了较为明确的规定，是处置利用工作应遵守的基本标准。

（二）存在的不足

办公用房管理标准化虽然已初步形成体系，但细项标准化建设的均衡性、全面性仍有不足，主要体现在以下方面：

一是各层级、各地区标准化建设的差异化程度较明显。在中央国家机关本级层面，从《公房管理办法》作为办公用房管理的顶层设计，到管理环节的标准化制度建设，已基本覆盖办公用房标准化的各个方面。但在地方层面，办公用房管理标准化建设工作起步较晚，各地区关注的侧重点不同，标准建设成果的差异也较大，地区间发展不够均衡。

二是部分领域的标准化发展相对薄弱。目前，基于《公房管理办法》明确规定的办公用房集中统一管理体制，办公用房管理标准化聚焦“统一规划、统一权属、统一配置、统一处置”，在“四统一”方面着力较多、成效显著，有的已经有明确的标准制度，如权属统一登记、建设维修、物业服务标准等。但在项目监管等方面，执行的仍是建筑行业的普适性标准，没有结合《公房管理办法》，针对党政机关办公用房建设项目组织实施的特殊性出台相关项目组织实施标准。

三、办公用房管理标准化发展

党政机关办公用房管理标准化是落实中央“八项规定”及其实施细则精神的具体举措，是推进办公用房集中统一管理体制建设的具体抓手，也是办公用房管理工作的基础和前提。目前，办公用房管理标准化已完成基本体系架构建设，未来还应以这个基本框架为基础，进一步予以优化调整。

(1) 查漏补缺,完善体系建设。具体而言,对照体系框架,重点发力尚未形成标准化的模块内容,积极研究制定相应的工作制度、规程,将标准化建设的空白、缺口补齐。

(2) 结合实际,优化调整已有标准。在将标准运用到工作实际的过程中,及时优化、调整已有的各项标准,使之更适应办公用房管理工作需要。

(3) 发展视野,实现体系动态更新。随着办公用房管理工作的不断发展,结合新形势、新情况,对标准化体系进行调整和补充,形成动态更新的工作机制。

第九章　机关服务管理标准

第一节　会议服务标准

2014年,《会议分类和术语》(GB/T 30520—2014)国家标准发布实施,明确了我国的会议分类和会议术语表达;2016年,国家旅游局发布《会议服务机构经营与服务规范》(LB/T 059—2016)行业标准,对会议服务机构的经营管理提出了要求。上述标准对规范会议服务提供了参照指引,但在具体的会议接待、会议服务、会议管理等环节,量化内容不多,尤其是对党政机关会议服务的针对性、可操作性不强。浙江、湖北、四川等地积极探索党政机关会议服务标准措施,出台了省级地方标准2项、市级地方标准2项。其中,湖北"洪山礼堂会议服务标准化试点"成为国家第五批社会管理与公共服务综合标准化试点项目,还有其他地方形成了一些内部会议服务标准,取得了积极效果。

一、会议服务标准的内涵

从形式上可将会议分为工作例会、学习会议、培训、讲座等日常会议以及发布会、研讨会、座谈会、茶话会等专项会议。会议服务标准是指在会议保障服务实践中,将每项工作的最佳效果,通过大家的普遍认可，以图片和简要文字的形式固定下来，最终确定为执行规范准则。会议服务标准的制定与执行，使服务与被服务双方、管理与被管理双方都满意，实现会议服务工作的标准化管理。会议服务标准主要解决会议管理过程中高成本、低效率以及会议服务工作凭经验、凭心情、凭感觉的问题，并降低人力、财力、物力、时间等会议管理成本，提高会议服务质量。用会议服务标准统一思想，解决不想干、不会干、干不好的问题，保障会议质量。

二、会议服务标准制定的原则

（一）坚持会议服务标准来源于实践并与时俱进的准则

坚持理论来源于实践，组织、引导会议服务人员从会议保障服务工作中研究制定标准，对标准进行细化、量化，使每一位会议服务人员都成为标准化建设的参与者、探索者、传播者。坚持将标准置于实践中去检验、去磨合，不断完善、更新会议服务标准，用与时俱进的标准去指导会议服务工作，实现会议服务标准化的可持续发展。

（二）始终坚持好用、管用、实用、简单的准则

制定、执行会议服务标准不能脱离实际，要灵活应用。不同的会议环境要有不同的标准，量体裁衣、量身定制，做到科学合理、程序规范、周密严谨、流程最优、务实达效。坚持大道至简，将复杂的问题简单化，简单的问题标准化。制定出来的会议服务标准要简约明了，易懂易记易操作，不能因为制定会议服务标准化而增加工作的复杂性和成本。例如，用A4复印纸代替尺子来确定会议桌围裙“卡子”距离的做法，就地取材，简单实用。

（三）始终坚持降低成本、提高质量的准则

在制定会议服务标准时，要充分考虑人、财、物、时间等成本要素，在降低成本的基础上，最大限度地提高会议管理服务质量。通过标准的制定和实施，使会议服务的每项工作都有依据、有遵循、有抓手，减少成本的投入，又确保了每次的会议都呈现最佳效果，保持工作质量的一致性、稳定性，领导在不在场并无实际影响。

（四）始终坚持对重复性工作制定标准以获得最佳效果的准则

例如，会议布置是一项重复性工作，如果会议摆台等没有固定的标准，每次摆台的意见若不统一，则会严重延长会场布置的时间，而且桌椅等布置效果也不美观。而执行会议服务标准后，则极大地缩短了会议布置时间，减少了会议布置人员，而且桌椅物品等摆放整齐划一，提高了会务质量和效果。将会议服务实践中的最佳效果用图片和简要文字固化下来，保证每一项细节工作都呈现出最佳效果和最高标准。又如沏茶，每个人的口味不同，不同的服务员沏茶的方式、茶叶放的量都会有所不同，导致每次沏好的茶叶口味差异很大。为了保证沏好的茶的最佳品质，有必要制定一些基本的沏茶标准。

三、会议服务标准的具体内容

（一）会议服务内容与要求

会议服务内容与要求主要包括以下方面：

(1) 公共秩序：根据会议情况，在重要岗位安排专人负责车辆疏导、验证参会人员证件，维持会场内外秩序等相关工作。

(2) 环境卫生:负责会场内外卫生的清洁工作,确保整体环境卫生干净、整洁、舒适,做到无杂物、无异味、窗明几净,并在重要卫生区域安排专人服务,卫生环境卫生持续达标;保障窗扇、窗帘开启正常,依据天气情况,通过窗扇、窗帘调节室内通风。

(3) 接待礼仪:迎宾、引导、物品帮拿、搀扶等工作,确保专人专岗。

(4) 用餐住宿:派专人负责酒店和会餐的预订工作,并根据参会人数预先对房间进行安排;预订餐食时,应注意少数民族及外宾的饮食习惯。

(5) 会场布置:根据会议要求,提前确定会场摆放形式,并将横幅、花卉、桌摆物品、席位桌签卡提前准备到位,摆放整齐划一。

(6) 文件发放:将文件依据摆放标准整齐摆放,注意区分有特殊注明事项的文件,避免出错,对接到的特殊需求由专人负责递送并反馈结果。

(7) 茶饮、茶点:依据会议情况制定茶饮、茶点递送的时间间隔,对接到的特殊需求由专人负责递送并反馈结果。

(8) 话筒、音响系统:如果是手持麦克风,应保证麦克风电量充足,调节合适音量,保证音质良好,会前对话筒及音响进行检查与调试。

(9) 照明系统:保证灯具开启正常,依据会议需求调节灯光。

(10) 空调系统:保证空调系统冷热功能正常,室内空气清新舒适,依据会场内部温度,随时进行适度调节。

(11) 检查:做好会前工作检查,并做现场体验,着重对设备、卫生、功能区域的设定、引导点、餐点等环节进行检查;会中进行关注,及时解决突发事件;会后要收集信息,总结不足。

（二）会场布置操作内容与要求

会场布置操作内容与要求主要包括以下方面：

（1）准备设备与物品：根据会议通知单要求，准备好所需灯光、音响、话筒、空调等设备；准备台布、桌裙、铅笔、信纸、茶杯、会标、旗帜、音带、指示牌、鲜花等服务用品。做到设备完好、有效，用品齐全、清洁、完美、庄重。

（2）确定台型并摆台：根据会议性质和主办单位要求，确定主席台位置，合理设置台型。做到台型符合要求，能烘托会议主题；桌子摆放整齐、无摇晃；桌子等于或略大于会议人数。

（3）摆椅子：双手轻提椅背，用右膝盖轻顶椅背，依次将椅子放在桌后，椅子前沿与桌面边缘向切。做到桌椅轻搬轻放、干净整洁、排放整齐美观；课桌式横看、竖看、斜看成一条直线；准备若干把椅子备用。

（4）摆信笺、铅笔：将信笺轻放于每个座位的桌面上，纸与纸的间距均匀，纸下边距桌边两指；笔削好斜放在信笺上。做到信笺中心在一条线上；笔尖超前 45 度摆放在信笺上；笔尾靠信笺下端，标志朝上。

（5）摆茶杯：左手端托，右手将配有垫碟的茶杯均匀放在桌面上，杯柄朝右，杯内茶叶统一、适量放置。无碟垫则改放杯垫，或根据主办单位要求放置矿泉水。做到摆放整齐、统一，茶碟右边缘与椅子右边缘在同一条直线上；课桌式则要求茶杯摆放横看、竖看、侧看都成一条直线；回字式则要求茶杯摆放侧看平行、整齐、美观；杯碟上边缘与桌边距 3—3.5 厘米，杯柄与桌面约成 45 度角。

（6）摆指示水牌：摆放于大堂及会场门口的显眼位置，便于指引宾客进入会场。做到指示牌庄重大方，文字表述清楚。

(7) 摆桌位桌签卡:必须请主办单位指导,摆放桌位卡。

(8) 摆讲台:根据主办单位要求将讲台摆放于适当位置。做到讲台干净、庄重、无摇摆。

(9) 挂会标:根据主办单位要求制作会标,挂于适当位置。做到文字正确无误,字迹美观大方。

(三) 重要接待服务内容与要求

重要接待服务内容与要求主要包括以下方面:

(1) 收集信息,确定相关需求。接待信息内容要详细准确,包括接待规格、使用场地、来访人数、来访日期、停留时间、参观路线、现场布置、使用费用等相关事项。

(2) 负责接待活动整体编制、落实、监督、协调工作。前期制定接待方案并与委托方沟通落实方案的可行性及费用问题;安排具体工作后,监督检查完成情况。对于接待等级较高或者需要外协单位配合的接待活动,应提前联系接待保障工作,如公安、消防、医疗等相关单位。

(3) 负责接待场地及外围秩序安全、车场疏导工作。对来访人员身份应进行识别,维护接待场地及外围秩序安全,合理疏导车辆进出停放。

(4) 负责水电气暖、灯光、音响、摄影、电梯等设备设施正常运行工作。前期检查场地、涉及区域各类设备设施是否正常运行使用。接待服务期间,根据实际需要调控音响、摄影、视频等设备设施,对出现问题的设备设施妥善处理修复。

(5) 负责场地、涉及区域的卫生清洁、绿植花卉养护工作。对于使用场地、涉及区域周边的卫生和绿植维护,应根据来访人员及委托方的需求,摆放绿植花卉。接待服务中心对重点区域、人流量高的区域提供不间断服务。

(6) 负责接待活动的整体服务工作。布置场地、摆设用品、检查场地环境卫生及各类设施设备是否正常，做好服务人员分工，包括迎送宾客、引导路线、现场讲解、茶水茶点供应、场地服务等环节。

第二节　后勤服务标准

后勤服务职能是指为保障党政机关正常运行和职工生活而提供的各项劳务和技术服务。由于后勤工作是以服务为主要目的的工作，因此服务性是后勤工作的根本属性。

一、后勤服务标准的内涵

后勤服务标准化是指在机关后勤服务过程中，对重复性事务通过制定、发布和实施标准达到统一，以获得最佳秩序，从而提高服务效率和服务质量的活动。机关后勤服务工作是机关事务工作的重要组成部分，是机关履行职责、正常运行的重要基础和保障。

机关后勤服务工作的质量直接影响到政务工作的效率和干部职工的切身利益。建立完善后勤服务标准化机制，推动实施后勤服务标准化战略，充分发挥"标准化＋"效应，能够有效推进后勤服务工作机制创新和管理技术创新，为机关事务管理工作的创新发展、协调发展、绿色发展、开放发展、共享发展提供技术支撑，为党政机关规范、高效运行提供优质保障。

二、后勤服务标准制定的原则

（一）科学系统，功能明确

围绕后勤服务的工作要求，科学规划标准体系建设、重大标准制定和实施进度，做到层次分明、结构合理、功能明确。

（二）全面覆盖，注重实效

将标准化工作贯穿到后勤服务的各项工作、各个环节、各个岗位中，切实做到制度全覆盖、管理无盲区、指标科学明晰、操作简单易行、标准规范统一。

（三）专业支撑，融合创新

加强与标准化主管部门的沟通，深化与标准化专业机构的合作，提高标准化建设水平。加强标准化与信息化深度融合，建设智慧后勤。

（四）重点突破，示范引领

以后勤服务的主要领域和关键环节为突破点，发挥示范带动效应，打造服务品牌，推动后勤服务标准化建设工作全面开展和提升。

三、后勤服务标准体系

后勤服务标准体系一般由通用基础标准、服务提供标准和服务保障标准三大分体系组成。

(1) 通用基础标准是指对后勤服务工作直接或间接适用，同时又具有广泛指导作用的标准，主要包括标准化工作导则、术语与缩略语标准、符号与标志标准等。

(2)后勤服务提供标准作为后勤服务标准体系建设的核心组成部分,重点围绕集中物业服务、餐饮管理、公务用车保障等后勤服务开展标准体系建设,主要包括服务规范、服务提供规范、服务质量控制规范、运行管理规范以及服务评价与改进规范等。

一是服务规范,主要是对提供后勤服务的工作人员(的行为规范、服务用语等)提出基本要求。

二是服务提供规范,主要是对物业服务、餐饮服务、公务用车保障等内容、流程、质量等提出具体要求。其中,物业服务标准主要包括办公用房养护维护标准、办公设备维修保养标准、保洁服务标准、绿化养护服务标准、安全保障服务标准等。餐饮服务标准主要包括食品材料的采购、验收、入库标准,餐饮制备标准,餐饮提供标准,膳食营养管理规范,食品追溯控制规范,膳食文化创建规范等。公务用车保障标准主要包括公务用车派车服务标准、车辆使用跟踪管理规范等。

三是服务质量控制规范,主要是针对后勤服务提出质量控制措施,具体包括针对物业服务、餐饮服务、公务用车服务等不合格服务的控制标准以及投诉处理标准等。

四是运行管理规范,主要包括提供服务人员的配备和管理、服务人员的岗位工作标准以及各服务场所的现场控制等内容。

五是服务评价与改进标准,主要包括针对后勤服务项目提出的服务考核评价和改进标准。

(3)服务保障标准作为后勤服务标准体系建设的重要组成部分,为后勤服务的开展提供有力的支持和保障。服务保障标准主要包括环境与能源管理标准、设施设备及用品管理标准、人力资源管理标准、行政管理标准等内容。其中,安全与应急标准主要包括车辆安全应急管理规范、餐饮安全管理规范、消防安全管理规范、突发事件应急预案等；信息管理标准主要包括公务用车智能化管理平台运行规范、餐饮智能监管系统（平台）建设与运行规范、门户网站运行管理规范、微信以及公众号管理规范等；设施设备及用品管理标准主要包括公务用车“三定点”管理规范、公务用车标识化管理规范，机关食堂建设与运行规范、机关食堂设施设备配置及维护规范等。

第十章　公共机构节约能源资源标准

第一节　公共机构节约能源资源标准概述

公共机构节能是指推动公共机构加强用能管理，采取技术上可行、经济上合理的措施，降低能源消耗，减少、制止能源浪费，有效、合理地利用能源。其中，公共机构是指全部或者部分使用财政性资金的国家机关、事业单位和团体组织；能源是指煤炭、石油、天然气、生物质能、电力和热力以及其他直接或者通过加工、转换而取得有用能的各种资源。公共机构节约能源资源标准化是指为实现能源资源节约总体目标，规定管理活动和管理业务都按照具体标准进行。公共机构节约能源资源标准化主要包括三个方面：一是节能建设与改造标准体系；二是节能运行标准体系；三是节能评价标准体系。

第二节　公共机构节能建设与改造标准

一、公共机构节能建设与改造标准概况

（一）公共机构节能建设与改造标准的概念

公共机构节能建设与改造标准属于管理标准，目的是为了规范

和引导公共机构在组织实施新建、改扩建和维修项目中的行为，推动各级公共机构从规划设计到施工过程中全面落实绿色、低碳、环保要求，采用科学合理、绿色高效的节能技术和措施，严格执行建筑节能和绿色建筑相关标准，从源头上节约能源资源、保护生态环境。

制定公共机构节能建设与改造标准，旨在进一步推进公共机构在规划建设过程中的绿色化，推动项目建设全周期内节能环保、绿色低碳。

（二）公共机构节能建设与改造标准体系情况

按照我国《节约能源法》《公共机构节能条例》的有关规定，公共机构新建建筑和既有建筑维修改造应当严格执行国家有关节能环保的规定和标准；各级人民政府应对建设项目进行节能评估和审查；实施节能改造需进行能源审计、投资收益分析和节能指标考核评价。

2011 年，由国管局编制并由住房和城乡建设部、国家发展改革委颁布、实施了《公共机构办公用房节能改造建设标准》（建标 157—2011）。在中央国家机关层面，为配合中央国家机关节能改造项目实施，提高节能改造的技术合理性和节能环保效益，国管局于 2014 年制定了《中央国家机关办公区节能监管系统建设指南》；于 2017 年制定了《中央国家机关数据中心机房节能改造技术导则》《中央国家机关无负压供水系统节能改造技术导则》；于 2018 年制定了《中央国家机关办公区智能高效照明改造工程指南》《中央国家机关食堂灶具节能和油烟净化改造项目工程指南》；于 2019 年制定了《中央国家机关新能源汽车充电基础设施建设工程指南》《中央国家机关空调系统节能改造工程技术指南》等内部标准性文件。

二、公共机构节能建设与改造标准化现状

(一)已出台标准的情况

1. 公共机构办公用房节能改造建设标准

《公共机构办公用房节能改造建设标准》(建标 157—2011)于2011 年发布,2012 年 3 月 1 日起施行。该标准规定了公共机构办公用房节能改造的目的、原则,提出节能改造后必须进行节能改造效果评估,必须兼顾节能改造效果和投资效益以及结构加固、维修、防火等改造时应同步进行节能改造。该标准重点对公共机构办公用房的建筑围护结构,暖通空调、电气、给水等设备系统,食堂、信息机房、车库等附属用房设备的监测控制、检测评估等方面进行了规定,其中特别强调了改造的检测评估与投资效益分析的重要性。

2. 中央国家机关节能改造项目相关的工程指南

2014 年以来,为配合中央国家机关项目组织实施,保证节能改造项目技术合理、节能环保效益,国管局陆续制定了《中央国家机关办公区节能监管系统建设指南》《中央国家机关数据中心机房节能改造技术导则》《中央国家机关无负压供水系统节能改造技术导则》《中央国家机关办公区智能高效照明改造工程指南》《中央国家机关食堂灶具节能和油烟净化改造项目工程指南》《中央国家机关新能源汽车充电基础设施建设工程指南》《中央国家机关空调系统节能改造工程技术指南》等标准类规范性文件。这些文件作为实施改造项目的技术依据,明确了节能改造的范围,规范了设计、施工、验收、运行维护、后期评估等方面的技术要求,特别规定了拟采用的节能设备及节能技术的技术参数和指标,对中央国家机关各部门、各单位实施节能改造

项目提供了依据，也可作为各级公共机构实施节能改造的技术参考。

（二）标准的实施情况

上述标准、指南以及建设行业相关的节能设计标准，是公共机构实施节能改造项目的参考依据。国管局公共机构节能管理司组织开展了多次相应的标准宣传贯彻活动，有助于提升公共机构对节能改造项目的理解和认识，对提高节能改造项目策划执行能力起到了一定的促进作用。由于《公共机构办公用房节能改造建设标准》是推荐性标准，标准约束力有限，特别是公共机构业主方对相关标准的熟知程度有限，造成标准的实际效果还需有关部门加大宣传贯彻推广力度。

第三节　公共机构节能运行标准

一、公共机构节能运行标准概况

（一）公共机构节能运行标准的概念

公共机构节能运行标准是以规范和引导公共机构在日常运行过程中落实绿色、低碳、环保要求为目标，推动各级公共机构在保障一定的工作环境和舒适度要求的基础上，充分发挥物业管理的基础作用，在实际运行过程中节约能源资源、保护生态环境，确保公共机构规划建设中采用的节能技术和措施真正得到应用。

制定公共机构节能运行标准，旨在进一步推进公共机构运行中能源资源使用管理的规范化、精细化，推动节能工作目标得到落实。

（二）公共机构节能运行标准体系情况

按照我国《节约能源法》《公共机构节能条例》的有关规定，公共机构应建立健全节能运行管理制度和用能系统操作规程，加强空调、照明、电梯、网络机房、食堂、锅炉房等重点用能系统和部位的节能管理，并对物业管理企业节能管理能力提出了具体要求。

2018 年，国家市场监督管理总局、国家标准化管理委员会发布《公共机构办公区节能运行管理规范》（GB/T 36710—2018）。在中央国家机关层面，国管局于 2013 年出台《中央和国家机关节约型办公区评价导则（试行）》，于 2014 年出台《中央国家机关及所属在京单位节约用水管理办法》，但仅在部分条文中对运行管理的巡检、调节提出了要求。

至于其他公共机构，基本能够按照供暖、空调等系统的操作规程建章立制，做到制度上墙。

二、公共机构节能运行标准化现状

（一）已出台标准的情况

1. 公共机构办公区节能运行管理规范

《公共机构办公区节能运行管理规范》于 2018 年 9 月发布，2019 年 4 月 1 日起施行。该标准规定了公共机构办公区节能运行管理的相关术语和定义、基本规定、建筑交付、节能运行和制度约束，适用于新建、扩建和改建的各级公共机构办公区的节能运行管理。该标准重点对公共机构办公区中的建筑围护结构、暖通空调系统、电气与控制系统、可再生能源利用、监测与能源管理等方面的设备设施的节能调节与调适进行了规定，对能源管理岗位、能耗统计、能源审计、运维记录、行为节约等制度性措施进行了明确。其中重点强调了设备系统性能检测与综合效能调适的重要作用和标准要求。

2. 绿色建筑运行维护技术规范

该标准重点对绿色建筑综合效能调适和交付、系统运行、设备设施维护的技术措施进行了规范。该标准构建了绿色建筑综合效能调适体系，确保建筑系统实现不同负荷工况下运行和用户实际使用功能的要求；基于低成本/无成本运行维护管理技术，规定了绿色建筑运行维护的关键技术和实现策略；建立了绿色建筑运行管理评价指标体系，有利于优化建筑的运行，实现建筑设计的目标。值得一提的是，该标准可作为公共机构节能运行管理的参考。

3. 空调通风系统运行管理规范

该标准于 2005 年发布，2019 年完成修订，是关于建筑设备运行管理的国家标准。该标准对空调通风系统的管理、安全与环境、节能和应急管理措施进行了规定。其中，有关“节能”的部分章节，是标准修订时新增的部分，主要针对国内工程设计、施工、运行管理环节相互脱节，造成运行过程中系统无法高效运行等问题，增加了低成本运行措施和大量细致的日常技术措施规定，强调了既有建筑空调通风系统调适的重要作用，并分步骤对调适过程进行了详细规定，对各级公共机构加强空调通风系统运行阶段的精细化管理具有重要的指导作用。

此外，住房和城乡建设部还组织编制了《数据中心基础设施运行维护标准》等运行维护标准，可供各级公共机构执行。

（二）标准的实施情况

上述 3 项标准以及建设行业相关的运行管理规范与公共机构的日常运行管理紧密相关。标准编制单位组织开展了多次相应的标准宣传贯彻活动，对提升物业服务单位的管理能力起到了一定促进作用。由于这些标准多数是推荐性标准，标准约束力有限，特别是公共机构业主方对相关标准的熟知程度有限，造成标准的实际效果还需有关部门加大宣传贯彻推广力度。

（三）当前公共机构节能运行标准化的总体进展和存在的不足

一是行业关注度不够，导致标准化程度较低。长期以来，受“重设备、轻管理”“重建设、轻运行”的观念影响，公共机构乃至整个建筑行业都更多地关注用能系统节能设计、建设环节，对运行管理环节重视不够。目前，在建筑标准主管部门的引导下，我国陆续出台了一些运行维护方面的国家或行业标准，但这些标准大都关注设备的正常运转、保养和维护，对节能的措施和指标缺乏约束。

二是从业人员专业素质不足，相关标准的宣传贯彻实施力度不足。在我国，物业服务企业通常只提供保洁、绿化、保安、设备运行和公共设施维护等服务。受制于物业管理人员的专业素养，多数物业服务工作主要侧重于保证正常运转，而对其中的节能节水措施关注不够、要求不多，致使一些智能化、精细化的节能技术无法发挥其预设的目标。

三、公共机构节能运行标准化发展

随着节能技术的不断发展及智能化、信息化技术的推广应用，节能运行标准的作用更加凸显，推动公共机构节能运行标准化，发挥标准规范的引领作用更加迫切。具体而言，将来可以从以下方面推动公共机构节能运行标准化：

一是建立健全公共机构运行标准体系。梳理公共机构运行涉及的供暖、空调、通风、照明、食堂、信息机房等主要用能设备设施，会同有关部门研究制定公共机构、公共建筑的运行维护管理规范体系。

二是组织编制节能运行标准。组织节能技术研究机构、物业管理相关单位编制专业运行管理规范，规范运行维护的岗位、制度、技术要求、维护要求等，重点对设备设施的节能运行进行规范。

三是加强标准的宣传贯彻工作。组织专业机构和相关专家对物业管理人员进行远程培训，将节能运行标准的学习情况作为物业管理人员从业培训的主要内容。此外，积极协调相关机构研究建立物业服务公司节能激励约束机制。

第四节　公共机构节能考核评价标准

一、公共机构节能考核评价标准概况

（一）公共机构节能考核评价标准的概念

公共机构节能考核评价标准是以规范和引导公共机构开展公共机构节能工作为目标，对公共机构在节能工作中取得的成效进行评价，查找问题和不足，督促采取有效的改进措施，发掘节能潜力，以充分发挥公共机构在节约能源资源、保护生态环境、应对气候变化中的表率作用，同时通过标准的实施和监督考核，确保节能工作有章可循、有据可依。

制定公共机构节能考核评价标准，旨在进一步推进公共机构节能管理的制度化、规范化、科学化，推动建设节能工作目标设置合理、规划科学、责任落实、逐级分解、用能规范、监督有力的公共机构节能管理体系。

（二）公共机构节能考核评价标准体系情况

按照我国《节约能源法》《公共机构节能条例》的有关规定，目前，我国公共机构节能考核评价体系由国家层面、中央国家机关层面、地方层面不同层级的标准以及专项业务工作考核标准组成。

在国家层面，公共机构节能相关内容列入国家发展改革委每年受国务院委托开展的对各地区省级人民政府能源消耗总量和强度“双控”目标责任评价考核标准；2009 年，经国家统计局批准，国管局发布实施《公共机构能源资源消费统计制度》；2014 年出台《公共机构节能考核规程》；2015 年会同国家发展改革委出台《公共机构能源审计管理暂行办法》；2019 年出台《公共机构能耗定额标准编制和应用指南（试行）》。

在中央国家机关层面，2012 年出台了《中央和国家机关及所属公共机构节约能源资源考核办法》，明确规定对中央和国家机关及所属公共机构开展节约能源资源考核的评分标准；2013 年出台《中央和国家机关节约型办公区评价导则（试行）》；2014 年出台《中央国家机关及所属在京单位节约用水管理办法》。

在地方层面，大部分地区都出台了本地区公共机构节能领域相关考核办法或者考核标准，如湖南省出台《湖南省节约型机关建设规范》，重庆市出台了《重庆市党政机关创建节约型机关评价标准》等。

在专项业务工作评价考核方面，出台了《节约型公共机构示范单位和能效领跑者评价标准》《省（自治区、直辖市）直机关生活垃圾分类工作评价标准》。

二、公共机构节能考核评价标准化现状

(一)已出台标准的情况

1. 节约型公共机构示范单位和公共机构能效领跑者评价标准

2013年,国管局印发《关于印发节约型公共机构示范单位评价标准的通知》(国管节能〔2013〕136号),2017年随《关于2017—2018年节约型公共机构示范单位创建和公共机构能效领跑者遴选有关工作的通知》(国管节能〔2017〕112号)出台《节约型公共机构示范单位和公共机构能效领跑者评价标准》,用于指导各地区创建节约型公共机构示范单位。

2. 公共机构能源资源消费统计制度

2009年,经国家统计局批准,国管局颁布、实施《公共机构能源资源消费统计制度》,用于指导各地区各级公共机构报送公共机构能源资源消费统计数据。

3. 中央和国家机关及所属公共机构节约能源资源考核办法

2012年,国管局印发《关于印发〈中央和国家机关及所属公共机构节约能源资源考核办法〉的通知》(国管节能〔2012〕365号),明确中央和国家机关及所属公共机构节约能源资源考核标准,规范了对中央和国家机关及所属公共机构开展节约能源资源工作考核的内容、程序和周期。

4. 中央和国家机关节约型办公区评价导则

2013年,国管局印发《关于印发中央和国家机关节约型办公区评价导则(试行)的通知》(国管节能〔2013〕449号),用来指导中央和国家机关各部门各单位积极开展节约型办公区建设,并提供了系统化、

规范化依据和评价标准。

5. 公共机构节约能源资源考核工作规程

2014年，国管局印发《关于印发〈公共机构节约能源资源考核工作规程〉的通知》(国管节能〔2014〕560号)，明确了各地区、各部门开展公共机构节约能源资源工作考核评价的考核流程、类型、评分方法、周期等，明确了公共机构节约能源资源工作全面考评要点。

6. 中央国家机关及所属在京单位节约用水管理办法

2014年，国管局印发《关于印发〈中央国家机关及所属在京单位节约用水管理办法〉的通知》(国管办发〔2014〕31号)，规范和加强了中央国家机关及所属在京单位的节约用水管理，提高了各部门及所属在京单位的水资源利用效率。

7. 公共机构能源审计管理暂行办法

2015年，国管局会同国家发展改革委出台《公共机构能源审计管理暂行办法》(2015年第32号令)，指导各地区推进公共机构开展能源审计工作，明确了公共机构能源审计的有关要求。

(二) 标准实施情况

近年来，国管局将公共机构节能考核评价作为推进公共机构节能工作的重要抓手，不断完善考核标准，强化考核结果应用，发挥了积极作用。具体而言，主要体现在以下方面：

一是多次对照标准开展全国公共机构节能工作考核。2011年和2016年，国管局分别组织开展了“十一五”和“十二五”规划期间全国公共机构节能工作考核，对各地区“十一五”和“十二五”规划期间公共机构节能工作开展情况和工作成效进行了综合评价考核，对照考核标准进行评价打分，通报考核结果和排名，有力促进了地方公共机构节能工作的开展。

二是从2012年开始，国管局坚持每年对照标准开展中央国家机关年度节约能源资源工作考核，按照《中央和国家机关及所属公共机构节约能源资源考核办法》的要求，对上一年度中央国家机关本级及所属公共机构节约能源资源工作情况对照标准进行评价打分，通报考核结果及部门排名。

三是对照标准结合重点工作开展专项检查。2018年1月，国管局组织开展公共机构生活垃圾强制分类工作考核，对各地区公共机构生活垃圾分类工作进展情况进行实地调研和对照标准量化打分，通报考核结果。

总之，通过上述考核，充分发挥考核指挥棒和表彰奖励的正向激励作用，有效地调动了广大干部职工的工作积极性。

在中央国家机关层面和地方层面，很多部门和地区也都形成了固定的考核评价标准，为建立和完善公共机构节能评价考核体系积累了大量的实践工作经验，做出了有益尝试，取得了显著成效。如国资委每年对所属10家服务中心的节能工作对照标准进行评价打分，并依据考核通报结果，对考核优秀的单位和个人进行表彰奖励，有力地推动了所属公共机构的工作。江西、广西、重庆、四川等10个省份将公共机构节能纳入了政府绩效考核标准体系，对工作突出的地市和省直单位进行表彰和奖励。如江西省机关事务管理局将公共机构节能工作先后纳入市县科学发展综合考核评价标准体系、省直单位综合绩效评价标准体系和生态文明先行示范县（市、区）评选标准体系，并将节能工作直接与单位综合考评及职工自身利益挂钩，极大地带动了全省公共机构节能工作的开展。

在国家层面，国家发展改革委等部门高度重视公共机构节能考核工作，在每年组织开展的省级人民政府能源消耗总量和强度“双控”目标责任评价考核中，将公共机构节能领域目标完成情况及措施落实情况作为重要考核指标纳入考核标准体系，分值占比为4%，包含公共机构节能目标完成情况、将公共机构节能工作纳入省级政府对省直机关和地市的年度绩效考核内容以及财政安排公共机构节能工作经费等考核内容，为推动各地区公共机构节能考核工作提供了有力的保障。

在专项业务工作考核评价方面，开展了全国节水型单位创建、节约型公共机构示范单位创建和能效领跑者遴选活动。截止到2018年底，全国共建成节约型公共机构示范单位3608家，节水型单位34000家，能效领跑者184家。

（三）节约型机关评价标准编制进展情况

党的十九大报告提出，要开展创建节约型机关、绿色家庭、绿色学校、绿色社区和绿色出行等行动。2019年初，李克强总理对机关事务工作做出重要批示，要求“要在推进节约型机关建设上探索形成有效做法，为政府提升施政效能作出新贡献”。中共中央、国务院《关于全面加强生态环境保护坚决打好污染防治攻坚战的意见》也对“创建节约型机关”提出了要求。2019年下半年，国家发展改革委印发了《开展绿色生活创建行动总体方案》，明确国家发展改革委为绿色生活创建行动总牵头部门，节约型机关创建行动作为其中的单项创建行动，由国管局、中直管理局牵头负责，国家发展改革委、财政部、生态环境部、住房和城乡建设部、中宣部、国家市场监管总局等部门参与。国管局负责制定节约型机关创建的工作方案和评价标准，目前已征求了相关部门的意见，近期将正式公布实施。节约型机关评价标准紧紧围绕贯彻落实《党政机关厉行节约反对浪费条例》《机关事务管理条例》和《公共机构节能条例》，聚焦能源资源节约、经费管理、公务用车、办公用房、绿色文化等工作内容，目标是推进各党政机关进一步加强节约管理、提升能效水平，形成简约适度、绿色低碳的生活和工作方式。

（四）当前公共机构节能考核评价标准化的总体进展和存在的不足

公共机构节能考核评价体系框架已基本建立，从国家层面到各省、自治区、直辖市，从节能综合性考核评价到单项业务考核，从中央和国家机关本级到各部门所属公共机构，都出台了一批公共机构节能考核评价标准，节能考核评价标准化工作取得了初步成效，但在标准体系的完善、标准的应用和实施方面仍存在不足，具体表现为：一是对照考核评价标准实施考核评价的结果应用不充分，尚未能充分发挥出考核评价的指挥棒作用。二是考核评价标准体系还需要进一步完善。合同能源管理、垃圾分类、建筑节能等领域的考核评价标准还需要细化，已有考核评价标准在环境保护等方面的内容还需要完善。三是公共机构考核评价标准的地方差异性比较大，各地区之间考核评价标准体系建设还不平衡，沿海地区和内陆地区、不同气候带区域之间还存在较大差距。

三、公共机构节能考核评价标准化发展

下一步，可以从以下方面推动公共机构节能考核评价标准化发展：

一是尽快出台节约型机关评价标准，并且以推进节约型机关建设标准化为导向，不断完善公共机构节能标准体系。

二是指导、推动更多的地区将公共机构节能纳入本地区综合性考核评价标准体系，加快全国公共机构节能标准体系的建设。

三是结合公共机构节能重点工作的开展和推进，进一步优化公共机构节能考核标准和考核方式，继续采用“双随机、一公开”方式开展考核，精简考核程序，提高考核效率。

四是探索推动将公共机构节能工作的考核评价成果与文明单位评选、单位绩效、人员绩效考核挂钩，加强考核评价标准的成果运用，调动公共机构全体工作人员参与节能的积极性。

五是探索建立公共机构用能信息公开的考核评价标准，将用能情况和财政预算支出情况同步进行公示，接受社会监督。

第十一章　机关事务标准监督与评价

第一节　机关事务标准化监督

一、监督要求

《中华人民共和国标准化法》第5条规定:"国务院标准化行政主管部门统一管理全国标准化工作。国务院有关行政主管部门分工管理本部门、本行业的标准化工作。县级以上地方人民政府标准化行政主管部门统一管理本行政区域的标准化工作。县级以上地方人民政府有关行政主管部门分工管理本行政区域内本部门、本行业的标准化工作。"因此,各级机关应该加强标准化工作的监督,探索有效的监督手段。

开展标准化监督是全面有效开展标准化工作的需要。标准的制定、实施、监督和改进符合戴明环理论,即PDCA循环,它是实施标准化所应遵循的科学程序,周而复始,螺旋上升。因此,标准不仅用来指导实践,还需要经得起实践的检验。标准应用效果数据的采集和反复论证,以及在此基础上标准的不断升级,需要进行积极地监督和引导,不断进行修正和优化,才能形成良性循环,确保可持续发展。

机关事务标准化监督要求是：以全面推进机关事务保障标准化为目标，以建立健全机关事务标准体系、实施监督体系、工作运行体系为重点，以试点示范建设为抓手，促进标准和机关事务深度融合，助推机关事务工作改革创新发展。

二、监督内容和范围

机关事务标准化监督是对标准化工作全流程的监督，既包括标准制定的监督，也包括标准实施的监督。标准制定和实施的监督分别在本书第四章、第五章阐述过，本章主要阐述标准化工作整体的监督情况，如实施标准化工作的各级机构、标准化实施的各种过程和各类服务等。

机关事务标准化监督内容主要有以下方面：

1. 完善机关事务标准体系

完善机关事务标准体系的关键在于科学明确机关事务国家标准、行业标准、地方标准和团体标准的定位，善于利用标准类规范性文件优化完善标准布局。具体而言，制定基础通用标准，夯实机关事务标准化工作基础；完善机关运行经费管理标准，规范经费管理和使用行为；完善资产管理标准，提高资产使用效益；完善服务管理标准，明确服务项目和内容；完善公共机构节约能源资源标准，助推合理用能；完善机关事务信息化标准，提高信息化水平。而且，还要不断提高机关事务标准间的协调性，提高与其他相关行业标准的衔接度，做好与相关法律、法规的协调配套，鼓励和引导机关事务团体标准发展，逐步形成协同发展、协调配套的机关事务标准体系。

2. 强化机关事务标准实施

加大对机关事务标准体系和分项标准的宣传贯彻力度，特别是重要标准发布后利用媒体、网络、会议等平台，开展多层次、多角度的宣传、培训、研讨和解读。推动机关事务标准文本免费向社会公开，通过法律法规引用、政策措施引导、检测认证推动等方式扩大标准实施的应用范围和影响。注重发挥行业协会等社会组织作用，利用行业自律等手段，推动标准的有效实施。同时，结合实施效果，对标准体系及时予以修改、完善，确保标准体系的长效适用性。

3. 构建机关事务标准监督评估体系

建立强制性标准和推荐性标准分类监督机制，特别是加强强制性标准的实施监督，明确监管部门及其责任，提高行政监管的透明度。监督检查重要标准的实施情况，开展标准实施效果评价。鼓励行业组织、标准化技术组织、科研机构、高等院校等建立多种形式的标准实施效果监测体系，开展标准监测与实施反馈，对不适宜的标准及时予以修订、废止。强化组织领导，健全工作机制，加强统筹调度，组织完善标准体系、推进标准制修订工作；及时总结经验，梳理发现问题，制定改进措施。

4. 夯实机关事务标准化工作基础

推动成立机关事务标准化技术组织，积极吸纳机关事务管理部门、行业协会、科研机构、高等院校等方面的专家学者，建立机关事务管理标准化专家库。面向地方机关事务管理部门，开展标准化基础知识培训，培养一批既精通机关事务业务又熟悉标准化工作的人才。强化机关事务标准化基础理论研究，推进与标准化科研机构、高等院校等的合作研究。

第二节 机关事务标准化评价

一、评价要求、原则

国管局在《机关事务标准化发展规划(2018—2020年)》中提出,要站在推进国家治理体系和治理能力现代化的高度,牢固树立没有标准化就没有现代机关事务的理念,完善机关事务标准体系,发挥标准规范引领功能……充分发挥标准对改革的支撑和引领作用。具体而言,标准化的意义或国管局推进标准化的初衷可归结为三个方面:第一,机关事务治理现代化的必然选择。通过完备的标准体系、超前的标准化理念、严格的标准实施,推进机关事务工作程序化、合理化、科学化、规范化,规范管理行为,提升管理效能和服务品质,实现机关事务治理现代化。第二,运行服务保障均等化的重要抓手。通过制定统一标准,提供同等资源,实行同质服务,实现均等保障,有利于保障党政机关高效运转并降低机关运行成本,克服部门间因权力和资源差异导致的苦乐不均、相互攀比、奢侈浪费等问题,防范廉洁风险。第三,推行机关事务绩效管理的基础支撑。

对机关事务标准化工作进行评价,要完善机关事务标准化建设推进机制。推进机制可以界定为围绕标准化的有效实施而做出的权威性制度安排,包括相关主体及其在标准化建设中的角色和相互关系、推动标准化有效实施的手段。国管局无疑是主导性权威主体,市场监管系统的标准化研究机构在机关事务标准化建设中也发挥着重要作用,推进机制相应成为不同层级机关事务管理部门在标准化建设中的权责及其相互关系。完善标准化建设的推进机制应该关注以下问题：

第一，关于树立标准化理念的问题。理念上的滞后与欠缺被视为标准化建设发展不平衡的重要原因，机关事务工作特别重视实践和经验，认识上的不足影响到标准化工作的积极性和主动性。

第二，关于标准化建设的稳步推进问题。除了相关理念滞后和欠缺外，现实困难也是标准化发展不平衡的重要原因之一，具体表现在以下方面：(1) 层级差异导致的需求差异。机关事务是由不同层级形成的大系统，管理职责随着层级递减而逐渐减弱，但服务事项随着层级递减而不断增加，且不同地区的机关事务工作也有差异，由此对标准化建设提出不同的要求并形成不同约束条件。(2) 相关主体的能力差异。市县一级的能力问题相对突出，原因包括机关事务相关机构处于整合过程，机构性质存在很大差异(行政机构、参公事业单位、非参公服务中心等)，多数人员原来从事后勤服务工作，以及标准化建设需要的理论基础和能力难以满足现实需求。(3) 标准化、专业性和机关事务特点之间的矛盾。多数地方标准化建设要依靠研究机构的力量，标准化工程师从专业性出发，力求正规文件体系的完备和严谨，一项指南概要就包括范围、术语、原则、策划一系列内容，如某市的公车管理标准文件能有几百页纸的篇幅，内容具体到非常小的技术细节。机关事务繁杂，加上忙于事务和能力局限，不少机关事务管理者将标准化视为畏途，影响标准化建设的积极性和主动性。基于上述现实，国管局一直强调标准化的稳妥推进，要求“把握顺序节奏，分清轻重缓急……不能一提标准化，就大干快上，眉毛胡子一把抓”。在国管局出台的《机关事务标准化发展规划(2018—2020 年)》中，“突出重点，统筹兼顾，注重实效”被明确为标准化建设应遵循的基本原则，要求“重点研究制定基础的、通用的、行业发展急需的和重点领域的标准项目”。分清主次轻重稳步推进不仅是现实条件下的客观要求,也是减少标准化建设阻力的有效途径。

对机关事务标准化工作的评价,要完善机关事务标准化工作领导机制,成立机关事务标准化工作组,抓好顶层设计,做好统筹协调。地方机关事务管理部门与标准化行政主管部门加强合作,积极推进标准制定、修订和实施,扎实推进机关事务标准化。此外,要加强组织实施,确保规划目标实现。对照规划目标和任务,抓好主要任务的分解和落实。结合本地区机关事务工作实际,完善有关配套政策措施,确保规划落到实处。

在主干业务标准化方面,推动主干业务信息系统跨层级、跨地域、跨部门互联互通,形成系统集成、上下贯通的管理保障服务格局。具体而言,办公用房管理系统从党政机关办公用房管理、业务在线办理、图形化智能管理、信息查询、综合统计分析、预警与提醒、使用单位日常管理等方面,拓展、提升原有信息管理系统,做好共享交换平台的对接工作。公务用车管理系统综合利用北斗卫星定位、地理信息系统、通信网络技术和专用软件,在派车管理、定点加油维修保险、社会化车辆监管及用车情况统计分析等方面,提升公务用车管理功能,实现对公务用车全周期管理。公共机构节能管理系统利用物联网等技术,对公共机构用电、用气、用水等能源资源使用进行实时监控,实现能耗信息的自动采集、数据传输、统计分析以及高耗能情况的诊断、预警,提高公共机构节能的智能化管控水平。公务接待管理系统提供信息备案、汇总分析、预警提醒、信息公示、大数据比对等功能服务,提高公务接待智能化管理水平。住房管理系统优化升级原有业务系统功能,开发周转住房、公租房综合管理系统,实现从申请审核、房源调配、日常管理到物业服务全流程智能化管理。

在公共服务标准化方面，以满足服务对象的需求为目标，按照线上线下互促、点对点互动的原则，建设智能餐饮、智慧物业等服务系统，提升公共服务的精准化、个性化水平。具体而言，运用人工智能、物联网、大数据等信息技术，提供订单管理、采购管理、检验管理、安全管理、咨询推荐等功能服务，为公共服务提供支持。构建综合楼办公区智慧服务系统，提供会议服务、维修服务、机器人引导、服务评价等智能服务。

在智能办公标准化方面，优化OA办公系统，完善日常办公、党务工作、综合管理、事务处理、视频会议等功能，开发建设移动办公业务系统。完善财务资产管理系统，强化资产管理、采购管理、内控管理、网报管理等功能，实现对财务资产的一体化、规范化管理。建设工程管理系统，通过信息化手段对投资控制、安全施工、结算决算、综合考核进行科学管控，实现建筑工程项目电子化、档案化管理。

在大数据应用标准化方面，运用云计算、大数据、人工智能等先进技术，提高数据采集、治理、应用能力，实现数据检索、分析、决策等功能，构建机关事务工作“智慧大脑”。以采集、处理、存储、管理机关事务相关数据为基础，打破信息孤岛，畅通机关事务管理内部业务部门之间、同级部门单位之间、上下级机关事务管理部门之间的数据交换渠道，实现信息数据库的统一集中和动态管理，形成基础信息库及公务用车、办公用房、公务接待、公共机构节能等专题库。利用大数据深入挖掘技术，全面实现数据检索、数据分析和数据可视化展示功能，探索建立机关事务决策分析、监督预警、绩效评价等应用体系，提升现有数据服务价值能力和数据增值能力。

二、评价要点

机关事务标准化工作的评价要点为：

第一，构建机关事务标准体系。研究制定近30项基础通用、机关运行经费管理、资产管理、服务管理和公共机构节约能源资源标准，构建重点突出、结构优化的机关事务标准体系，基本实现标准覆盖主要业务工作。

第二，健全机关事务标准实施监督体系。通过宣传贯彻、试点示范、绩效评估等方式，建立常态化、定量化、制度化的实施机制，逐步健全运转顺畅、覆盖全面的实施监督体系。

第三，强化机关事务标准化工作运行体系。通过建立机关事务标准化基础研究、标准制修订、实施推广、评估监督、人才培养等机制，逐步强化责任明确、高效有序的工作运行体系。

实施评价的时间是在标准实施满1年后进行，原则上每2年开展1次。

实施评价的方式是由机关事务标准评价小组定期对各单位标准实施情况进行评价。宜采用但不限于以下方式进行评价，同样适用于标准实施监督：

(1) 抽样调查。抽样调查适用于数量大、重复度高的工作，针对标准化管理中某一项进行抽样调查，抽取样本应具有代表性及普遍性，不宜少于3组。

(2) 普遍调查。普遍调查是针对标准化管理的所有标准子体系进行调查。

(3) 实地实物考察。实地实物考察是针对标准化管理工作中实地或实物的工作和操作，应组织监督和评价工作小组前往实地考察标准化执行情况。

(4) 专家调查。对专业程度较高的标准化工作情况，可以采用专家调查的方式；专家应有合理规模，专家不应与调查对象有直接利害关系。

(5) 资料调查。对无法直接检查的标准化工作，可通过工作过程中的留痕文件、档案、材料、制度、记录等情况，间接检查该工作的标准实施情况。

机关事务标准实施监督评价内容(指标)应包括共性指标和个性指标。

共性指标包括但不限于以下内容(见图 11.1)：

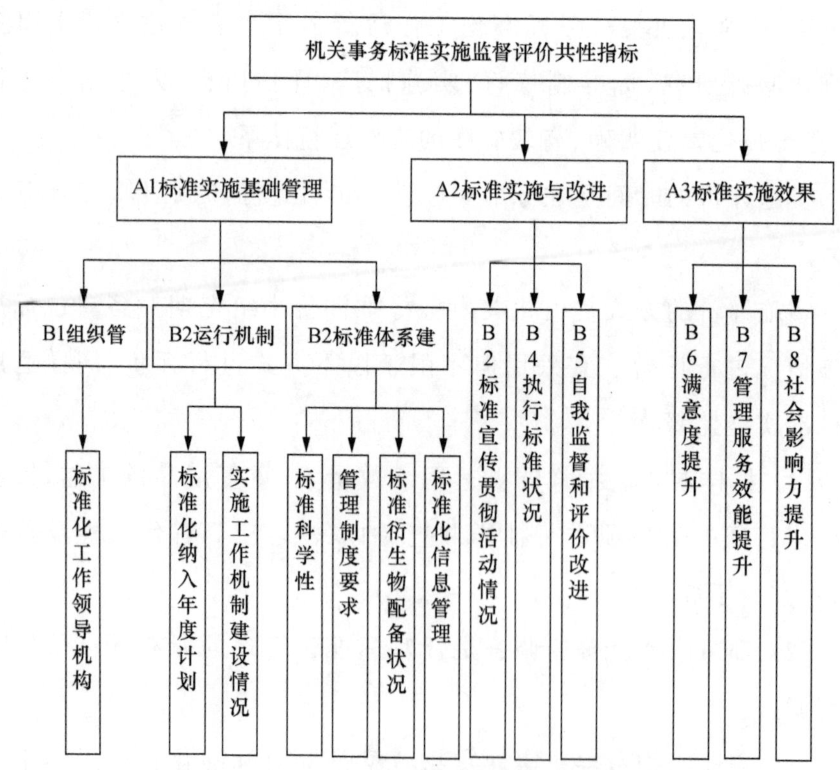

图 11.1　机关事务标准实施评价共性指标

（1）标准实施基础管理。这主要评价组织管理、运行机制、标准子体系建设等内容；其中，标准子体系建设包括标准科学性、管理制度要求、标准衍生物配备状况以及标准化信息管理等相关内容。

（2）标准实施与改进。这主要评价宣传贯彻活动情况、执行标准状况、自我监督评价和持续改进情况；其中，执行标准状况应结合不同标准子体系的内容实行标准实施个性化监督和评价。

（3）标准实施效果。这主要评价服务对象满意度提升、管理服务效能提升和社会影响力提升三方面，涵盖经济效果、社会效果、环境效果。

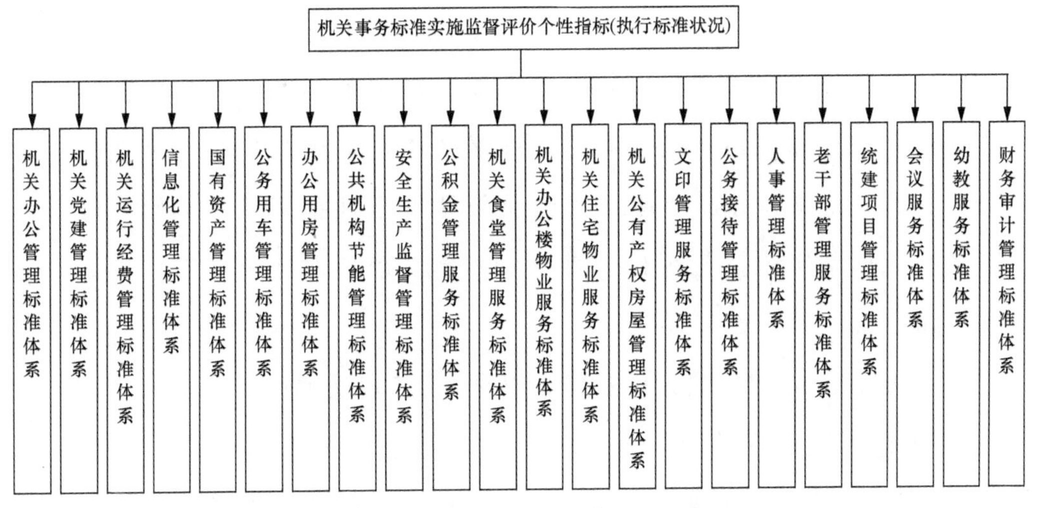

图 11.2　机关事务标准实施监督评价个性指标（执行标准状况）

个性指标主要指各部门实施标准状况，包括但不限于以下内容（见图 11.2）：（1）机关办公管理标准体系实施监督评价个性指标；（2）机关党建管理标准体系实施监督评价个性指标；（3）机关运行经费管理标准体系实施监督评价个性指标；（4）信息化管理标准体系实施监督评价个性指标；（5）国有资产管理标准体系实施监督评价个性指标;(6) 公务用车管理标准体系实施监督评价个性指标;(7) 办公用房管理标准体系实施监督评价个性指标;(8) 公共机构节能管理标准体系实施监督评价个性指标;(9) 安全生产监督管理标准体系实施监督评价个性指标;(10) 公积金管理服务标准体系实施监督评价个性指标;(11) 机关食堂管理服务标准体系实施监督评价个性指标;(12) 机关办公楼物业服务标准体系实施监督评价个性指标;(13) 机关住宅物业服务标准体系实施监督评价个性指标;(14) 机关公有产权房屋维修管理标准体系实施监督评价个性指标;(15) 文印管理服务标准体系实施监督评价个性指标;(16) 公务接待管理标准体系实施监督评价个性指标;(17) 人事管理标准体系实施监督评价个性指标;(18) 老干部管理服务标准体系实施监督评价个性指标;(19) 统建项目管理标准体系实施监督评价个性指标;(20) 会议服务标准体系实施监督评价个性指标;(21) 幼教服务标准体系实施监督评价个性指标;(22) 财务审计管理标准体系实施监督评价个性指标。

需要指出的是,当评价资料难以全面、客观反映所评价的标准实施情况时,应进行补充调查。对评价结果有争议时,应组织专题论证,进行深入分析后再次确定。同时,要加强标准文本的制定和修订,研制一批标准类文件和管理标准。

(1) 在办公用房管理方面,着重开展办公用房配置、维修、处置以及集中办公楼(区)物业服务管理等标准研制。

(2) 在公务用车管理方面,着重开展公务用车配备、处置、标识化管理、新能源汽车使用、社会化汽车服务评价等标准研制。

(3) 在公共机构节能管理方面,着重开展公共机构节能示范单位创建、考核评价、能效公示以及党政机关、医院、学校、场馆能耗定额等标准研制。

(4) 在公务接待管理方面,着重开展公务接待费用、操作流程、信息备案等标准研制。

(5) 在住房管理方面,着重开展省直周转房和公租房的申请审核、调配使用、家具配备、日常管理、物业服务等标准研制。

(6) 在社会事务管理方面,着重开展省级卫生单位创建、驻省会城市办事机构管理标准研制。

(7) 在后勤服务方面,着重开展餐饮服务、物业服务、会议服务等标准研制。

(8) 在财务资产管理方面,着重开展机关运行成本统计、财务资产管理、内部控制等标准研制。

(9) 在机关党建方面,着重开展标准化支部建设、党员管理和关怀激励帮扶、党建考核等标准研制。

(10) 在信息化建设方面,着重开展智慧机关事务平台建设和管理、基础数据元和基础代码、信息化业务流程规范、平台运维管理规范等标准研制。

(11) 在内部运行方面,着重开展办文办会、督查督办、绩效考评、政务公开、教育培训、离退休干部服务等标准研制。

三、评价结果反馈与改进

评价过程完成后,应形成评价报告。评价报告应包含但不限于下列内容:(1) 评价的时间、方式;(2) 评价内容;(3) 评价结论;

(4) 提出的意见和建议;(5) 是否符合强制性条款;(6) 是否对标准中有关特定(如质量、安全、环保等)要求落实到关键点并有相应措施予以保障;(7) 是否具有按标准要求记录和保存贯彻实施的证据,包括各种记录和工作文件。

评价工作结束后,应及时通报评价结果,并督促监督评价对象根据评价报告进行标准实施的改进工作。

第十二章　机关事务标准化与法治化、规范化、信息化

近年来，机关事务管理单位系统持续推进机关事务集中统一管理和标准化、信息化建设，在推进国家治理体系和治理能力现代化中发挥职能作用。李克强总理也做出重要批示，要求“进一步推动机关事务管理法治化、标准化、规范化”，指明了标准化与法治化、规范化的协同作用。

机关事务标准化与法治化、规范化、信息化之间联系密切，无论是标准化、法治化，还是规范化、信息化，都是要最大限度地避免机关事务工作对于“人”的过度依赖，突破“因人成事”的窠臼，提高现代化的治理能力，走向现代化治理模式，更好地发挥新时代机关事务管理部门为党和国家中心工作服务的作用。

第一节　机关事务标准化与法治化

一、机关事务法治化概述

机关事务法治化是对依法治国的生动实践，是建设法治政府的必然要求。党的十八大以来，以习近平同志为核心的党中央在全面

总结以往经验基础上，提出了全面推进依法治国、加快建设社会主义法治国家的战略任务。党的十八届四中全会在党的历史上第一次专题研究法治问题，审议通过了《中共中央关于全面推进依法治国若干重大问题的决定》；党的十九大对新时代全面推进依法治国提出了新任务，要在2035年基本建成法治国家、法治政府和法治社会。

机关事务法治化就是要在坚持党的领导、人民当家作主、依法治国有机统一的前提下，将机关事务管理纳入社会主义法治体系。具体而言，机关事务法治化要推进机构、职能、权限、程序、责任法定化，用法治思维谋划机关事务工作，用法治方式推动机关事务工作；抓好《党政机关厉行节约反对浪费条例》《机关事务管理条例》《公共机构节能条例》《党政机关办公用房管理办法》《党政机关公务用车管理办法》等法规的贯彻实施，完善配套规章制度；加强顶层设计和制度安排，深入总结机关事务工作发展规律，推动研究制定全面规范机关运行保障的基础性法律。

国管局党组一直以来高度重视机关事务法治建设。1998年在局办公室设置法规处，负责规章制度建设工作，处理行政复议，提供法律、法规和政策咨询。2008年在局办公室加挂政策法规司牌子，增加起草与机关事务有关的法律、法规草案、政策和规章并监督实施职责。2014年单独设立政策法规司（中央国家机关住房制度改革办公室），全面负责机关事务法治建设工作。

党的十八大以来，国管局党组统筹谋划，印发实施了《中共国管局党组关于加快推进机关事务法治建设若干问题的意见》（国管党组〔2015〕7号）；持续加快法规制度体系建设，启动机关运行保障立法；深入推进依法行政，健全行政复议和行政应诉工作机制，建立局外聘法律顾问和公职律师制度；全面贯彻中央“放、管、服”改革的部署要求，进一步精简行政审批，主动开展权责清单编制试点，切实规范和改进审批与服务行为，机关事务法治化再上新台阶。

二、机关事务标准化与法治化的关系

（一）机关事务法治化是标准化的前提和基础

1．法治化对标准化具有保障作用

具体而言，机关事务标准化要在法治化的轨道上运行，不能违背现行的法律、法规。此外，法治化本身体现对公平正义价值的追求，能够保证标准制定和实施的公平，给予服务对象安全的预期，提升标准的稳定性。

2．法治化与标准化互为保障

通过机关事务标准化，能够根据保障需要制定规划、申请经费、配置资源，既实现机关事务工作的职能法定，又做到依法履行职能，从而推进机关事务法治化。

（二）机关事务标准化是法治化的补充和延伸

1．机关事务标准化补充了机关事务法治化的内容

法治化以“法律”为核心，其原则性内容较多而操作性内容较少，标准相比于法律更为具体、更易操作。在具体的法律、法规和政策执行过程中，标准化本身承担着一种政策规范的角色，可以弥补法律、法规和制度本身滞后性的缺陷。

2．机关事务标准化延伸了机关事务法治化的边界

法律调整的范围大而全，就像动脉血管；标准调整的范围小而精，就像毛细血管。标准可以将法律的作用延伸到更为具体、细微的领域，打通法规制度落地的“最后一公里”。

第二节　机关事务标准化与规范化

一、机关事务规范化概述

推进机关事务规范化，是对中央厉行节约、反对浪费倡议的积极响应，是落实全面从严治党的必然要求。机关事务规范化就是指机关事务工作的各领域、各环节都要按照一定的规范运行，其核心应当是制度化，即有章可循、照章办事。机关事务规范化可以为机关事务管理确立科学规范，明确行为依据，节约运行成本。

以后勤服务规范化为例。2018 年，国管局印发《中央国家机关后勤服务指南》，规定了中央国家机关办公设备维修保养服务、物业服务、安全保卫服务、印刷服务、餐饮服务、其他服务等纳入政府购买服务指导性目录，具体为后勤服务项目的服务组织、服务人员、服务内容、服务要求和应急响应。2019 年 8 月，国管局又印发了《中央国家机关购买后勤服务管理办法（试行）》（以下简称《购买后勤服务办法》），对中央国家机关各部门购买后勤服务的内容、主体、费用、程序和监督检查等进行了详细规定，并附带具有标准性质的附件《中央国家机关购买后勤服务指导性目录》。《购买后勤服务办法》规范了中央国家机关购买后勤服务工作，明确提出“各部门向社会力量购买后勤服务，应当遵循厉行节约、保障基本、质优价廉、务实高效的原则，总体水平与北京市经济社会发展水平相适应”，并通过具体条文和附件落实党中央关于带头过“紧日子”的要求，控制机关运行经费支出，降低机关运行成本，提高服务保障标准化、专业化和均衡化水平。

此外，着力推进机关事务规范化，也是国管局积极适应政府行政职能转变，加强自身建设的需要。随着规范化进程的加快，各种规章制度的不断健全，机关事务管理的力度和刚性也会不断增强。

二、机关事务标准化与规范化的关系

（一）机关事务规范化是实施标准化的最佳效果

机关事务标准体系作为一种技术性指标体系，既可以发挥目标管理和量化管理的优势，优化工作流程、明确职能分工等管理内容，也便于通过绩效评价评估工作质量。通过机关事务标准化，可以规范事前、事中和事后管理，使机关办公、领导服务、职工生活等保障服务管理职能更加量化、细化，从而推动机关事务工作迈入精细化、规范化、科学化轨道。概括来说，机关事务单位系统的标准化建设越完善，规范化的程度也就越高。

（二）机关事务标准化是推动规范化落实的重要抓手

规范化和标准化的侧重点有所不同：规范化更强调过程，即在机关事务工作程序上要遵循制度规范；标准化更强调结果，即要“获得最佳秩序，促进共同效益”。如果片面推进机关事务规范化，可能会出现“脱实向虚”的倾向；如果结合标准化来推进机关事务规范化，采用标准化的实施、监督、评价体系确保制度规范落到实处，机关事务规范化工作就可以更上一层楼。

第三节 机关事务标准化与信息化

一、机关事务信息化概述

关于信息化，目前尚未有公认完整准确的表述。1963年，日本学者梅棹忠夫（Tadao Umesao）最早在《论信息产业》一文中提出，信息化是指通讯现代化、计算机化和行为合理化的总称。我国学者林毅夫等认为，所谓信息化，是指建立在IT产业发展与IT在社会经济各部门扩散的基础之上，运用IT改造传统的经济、社会结构的过程。

1997年召开的首届全国信息化工作会议对“信息化”和“国家信息化”定义为：“信息化是指培育、发展以智能化工具为代表的新的生产力并使之造福于社会的历史过程。国家信息化就是在国家统一规划和组织下，在农业、工业、科学技术、国防及社会生活各个方面应用现代信息技术，深入开发广泛利用信息资源，加速实现国家现代化进程。”

综上所述，机关事务信息化是指全国机关事务单位系统利用计算机、网络、数据库等技术对机关事务管理工作过程以及产生的信息进行控制和集成化管理，实现信息资源共享和有效利用，提高机关事务管理保障和服务效能的活动。

二、机关事务标准化与信息化的关系

标准化和信息化作为机关事务工作高质量发展中“一体两翼”的重要内容，应当协同发挥作用，共同促进机关事务管理保障和服务效

能提升。

（一）标准化是信息化建设的基础条件

标准化重在用统一要求和恒定尺度去规范工作流程和质量，以达到最佳秩序和稳定质量的目的。信息化侧重在运用信息技术对现有工作进行改造，以提高收集、管理、处置和利用信息的能力和效率。信息化工作中“共享”和“集成”等关键词是信息化主要特征的体现。“共享”和“集成”的基础就是统一的标准和规范，包括信息技术术语标准化、信息标识标准化、信息分类编码与文件格式标准化、存储媒介标准化、软件工程标准化和数据库标准化等。信息系统在开发过程中，从技术层面的信息分类与代码到国有资产、办公用房、公务用车、政府采购、住房资金等业务流程规范，以及系统的扩充和升级，都必须以标准规范为依据和基础。这些标准和规范是重新梳理、定义工作环节、建立信息管理系统、实现信息资源共享和利用的必要基础。

（二）标准化是信息化建设的重要支撑

信息化工作要对现有机关事务管理工作中所有信息及其流程进行规范和重构，也就是按照标准区分和定义环节、明确各环节质量要求的过程，就是对工作流程予以标准化。信息化工作的直接结果是建立各式各样的信息管理系统，包括数据采集、数据传输、办公自动化等组成部分，这些部分相互关联、相互制约、相互依存。为使各组成部分能够正常运转并发挥作用，需要在工作启动前搞好信息技术的标准化，统一软件开发标准和信息传输接口标准，选定规格统一的硬件配套等，这些都是关系系统建设成败的关键。

在信息系统建设中，要遵守设计规范，使用经过特别定义的设计语言进行模块化功能设计和框架式系统结构搭建，提高系统建设水平，为后期系统维护和持续开发打好基础。信息化工作中填报和采集数据，往往是先形成固定的表格和图文，再进行数字化处理，处理结果也需要通过图表反映出来。这些过程正是数据标准的确定及应用过程。

（三）信息化是推进标准化的重要手段

信息技术提高了社会生产、生活各方面的管理能力和效率，同样也为标准化工作提供了重要方法和手段。具体而言，一是参与标准管理。机关事务标准化推行以来，各级机关事务管理部门大力推进标准编制工作，不少单位都建立了覆盖本单位全业务的标准体系，标准数量多则上百，少则也有数十个，数量庞大、条目众多，借助信息技术实现电子化检索和查阅，是解决标准好用、易用问题的好办法。二是提升标准化工作效能。在标准宣传培训上，有的使用VR技术建设虚拟课堂，增强火灾逃生、高压电工等标准培训体验；在标准实施上，有的利用信息系统建设固化标准实施，自动执行有关技术要求和审批流程；在标准监督上，有的在供电系统中借助信息技术实现7天24小时无人值守。随着机关事务管理工作的不断推进，利用信息技术提升标准化工作效能的案例会不断涌现，信息化助推标准化的作用会日益显现。

本书重点涉及的机关事务管理标准化法规制度文件

1.《关于加快推进机关事务标准化工作的通知》(国管办〔2018〕6号)。

2.《机关事务标准化发展规划(2018—2020年)》(国管办发〔2018〕6号)。

3.《关于开展机关事务标准化试点工作的通知》(国管办〔2018〕5号)。

4.《关于开展第二批机关事务标准化试点工作的通知》(国管办〔2019〕89号)。

5.《机关事务标准化试点评估验收工作指引》(2019年版)。

6.《机关事务标准化工作指南》(2019年版)。

7.《党政机关国内公务接待管理规定》(中办发〔2013〕22号)。

8.《中央国家机关差旅费管理办法》(财行〔2013〕531号)。

9.《中央国家机关会议费管理办法》(财行〔2016〕214号)。

10.《机关运行成本调查统计报表制度》(国统制〔2016〕62号)。

11.《关于中央和国家机关公务用车配备使用管理有关问题的通知》(国管资〔2011〕343号)。

12.《中央行政单位通用办公设备家具配置标准》(财资〔2016〕27

号)。

13.《中央国家机关通用办公软件配置标准》(国管资〔2013〕42号)。

14.《党政机关办公用房管理办法》(中办发〔2017〕70号)。

15.《党政机关公务用车管理办法》(中办发〔2017〕71号)。

16.《关于进一步做好中央国家机关办公用房和技术业务用房权属统一登记工作的通知》(国管房地〔2018〕309号)。

17.《关于做好中央国家机关办公用房信息统计报告工作的通知》(国管办发〔2019〕21号)。

18.《关于做好全国党政机关办公用房信息统计报告工作的通知》(国管办发〔2019〕22号)。

19.《中央和国家机关及所属公共机构节约能源资源考核办法》(国管节能〔2012〕365号)。

20.《中央和国家机关节约型办公区评价导则(试行)》(国管节能〔2013〕449号)。

21.《中央国家机关及所属在京单位节约用水管理办法》(国管办发〔2014〕31号)。

22.《公共机构节能考核规程》(国管节能〔2014〕560号)。

23.《公共机构能耗定额标准编制和应用指南(试行)》(国管办发〔2019〕5号)。

24.《中央国家机关后勤服务指南》(国管办〔2018〕80号)。

25.《中央国家机关购买后勤服务管理办法》(国管办〔2019〕218号)。